共情式疗愈

用爱打造轻松的人际关系

[日] 古宫昇———— 著　　赵艳华————译

中国原子能出版社　中国科学技术出版社

·北京·

北京市版权局著作权合同登记　图字：01-2023-4517。

图书在版编目（CIP）数据

　　共情式疗愈：用爱打造轻松的人际关系 /（日）古
宫昇著；赵艳华译 . — 北京：中国原子能出版社：中
国科学技术出版社，2023.11
　　ISBN 978-7-5221-2939-6

　　Ⅰ . ①共… Ⅱ . ①古… ②赵… Ⅲ . ①人际关系学
Ⅳ . ① C912.11

中国国家版本馆 CIP 数据核字（2023）第 161604 号

策划编辑	赵　嵘		文字编辑	韩沫言
责任编辑	付　凯		版式设计	蚂蚁设计
封面设计	创研设		责任印制	赵　明　李晓霖
责任校对	冯莲凤　焦　宁			

出　　版	中国原子能出版社　中国科学技术出版社
发　　行	中国原子能出版社　中国科学技术出版社有限公司发行部
地　　址	北京市海淀区中关村南大街 16 号
邮　　编	100081
发行电话	010-62173865
传　　真	010-62173081
网　　址	http://www.cspbooks.com.cn

开　　本	880mm×1230mm　1/32
字　　数	150 千字
印　　张	7.625
版　　次	2023 年 11 月第 1 版
印　　次	2023 年 11 月第 1 次印刷
印　　刷	北京华联印刷有限公司
书　　号	ISBN 978-7-5221-2939-6
定　　价	55.00 元

前言

你是否想过，有一天你的人际关系会比现在轻松许多？即使遭受无谓的攻击，即使有天大的委屈，即使有再多的悲欢离合，你也不再像以前那样六神无主、心烦意乱，你冷静、淡定，不再被自己的坏心情所左右，不再埋怨别人，你可以一直保持从容、平和的心态。

清晨醒来时，你会发现自己的身体变得非常轻松，新的一天让你充满喜悦和期待。你不再隐藏自己的真实感受，回归了天真烂漫的自己。本书便可以让你成为这样的自己。本书还会改变你的认知。当你身处困境时，能感受到身边有人在担心你。你还会发现，一直以来让你感到痛苦的人，他们其实在帮助和支持你。

你或许会觉得难以置信，但是没关系。掌握了本书中的智慧，你的内心深处便会迸发出爱人之心和感恩之心，使自己的人生更加充实和圆满。

在本书中，我将为你介绍"内在小孩疗法"和"德马蒂尼方法"，这两种方法在治愈心灵伤痛并改变由此带来的执念方面卓有成效。只要按照这些疗法一点点去做，你就能切身感受到自己的变化，你在人际交往时就能更开心，你的人际关系也能更丰富多彩。你的未来将比以往任何时候都更加光明和惬意。

现在，请跟随我一起踏上心灵修复之旅吧！

目 录

绪
论

你的烦恼
可以根除

人际关系让人心力交瘁

* * *

"讨好别人真累啊……""我很在乎别人的看法……""我感到孤独、无助……""人际关系真麻烦!"

很多人都会有这样的烦恼。无论是看似充满干劲儿的职场人士,还是专注育儿的妈妈,都有可能存在人际关系方面的精神压力,他们苦恼于不和睦的工作或家庭关系,甚至还会在与人交往的过程中受到伤害。

你也有同感吗?

当我们被人际关系困扰时,总会尝试用各种办法来解决问题,然而效果并不理想。让我们来看几个案例。**因为很在意别人的看法,所以你特别注意自己的言行举止,不让别人讨厌自己。**于是,你会一直提醒自己:"怎样做他才不会讨厌我?""应该怎样跟他说才好?"尽管你在时刻提醒自己,但是对方不经意间的举动也可能会让你产生怀疑——"他是不是讨厌我?""他是不是对我有看法?"然后你变得焦虑不安,难以摆脱"怀疑与否定"的恶性循环……

因为害怕孤独,所以你努力去讨好别人。于是你就会在意自己怎样做才能讨人喜欢。比如精心打扮、总是保持微笑、表现得很开朗。这样做你表面上可能与人相处得很好，但你自己心里清楚，那只是伪装后的自己。所以，你在内心深处会想："人们喜欢的是戴着面具的我，而不是真正的我。真正的我没有人了解。"所以，即使表面上与人相处融洽，你也会感到孤独。

你因为烦恼而疲惫不堪，所以产生了"想多了真累，所以还是不去想吧"的念头。不过，一旦有这种意识，你便很难释怀，容易掉入自我否定的陷阱。"我努力让自己不耿耿于怀地回头看，但是无论如何也做不到。我真是没用……"很多人都有这样的烦恼，即便小心翼翼地努力，也很难摆脱处理人际关系的痛苦和精神负担。

为什么你总是处理不好人际关系？你明明尽力了，为什么还是不行？没有更好的办法了吗？你是否带着这样的疑问拿起了这本书？

人际关系处理不好的原因在于你没有从根本上解决烦恼。不去解决根本原因，而是选择避重就轻，试图通过"怎样做才好"这种表面的、形式上的方法来解决问题，这样做是行不通的。反之，**只要你发现了问题的根源，就能找出行之有效的解决办法，而且这种办法远比重复那些不甚奏效的表面文章要好得多！**

在本书中，我会告诉你，你产生烦恼的根源和解决办法，然后帮助你建立更轻松、更愉快的人际关系。

我也曾因人际关系而苦恼

* * *

先做一下自我介绍。我取得了美国密苏里大学哥伦比亚分校心理学博士学位，有公认心理师❶、临床心理师❷执照，是一名职业心理咨询师。

在过去的 20 多年里，我在日本、美国和新西兰等国家为6000 多人提供过心理咨询和援助服务。我曾在美国的精神病院、日本和美国的大学心理咨询室和医院的精神科工作过。目前我开办了一家心理咨询室，为社会人士提供心理咨询服务。在我的帮助下，大部分来访者的人际关系都有了显著的变化，他们的生活变得越来越幸福，可以说他们的整个人生都发生了很大变化。此外，我还为职业咨询师提供个人指导和培训服务。

从多年的从业经验、学习实践以及个人的痛苦经历中，

---

❶ 日本唯一获得国家认证的心理学专业人士。他们在保健医疗、公益、教育等领域，利用心理学专业知识和技术，帮助求助者解决各种心理问题。——译者注

❷ 通过公益财团法人日本临床心理士资格认定协会的认定，在教育、医疗、保健、卫生、公益、司法、劳务等行业，为求助者解决各种心理问题的心理学专业人士。——译者注

我发现了人际交往的真正目的，找到了人际交往困难和让人感到痛苦的原因，并找到了解决办法。

实际上，我也曾在人际交往的漩涡中苦苦挣扎过。

听母亲说，在我小的时候，父亲把微薄的薪水几乎都花在了酗酒和赌博上，他有时整夜都不回家。当时正值日本经济的黄金发展期，我的母亲却过着衣食无着的贫苦生活。因为缺少营养，所以她没有多少奶水喂养我们这些嗷嗷待哺的孩子。母亲一人照看着我和年幼的妹妹，日子过得非常艰难，最终她不幸得了产后抑郁症。

记得当时我们一家挤在一间空间非常狭窄的廉价公寓里。一天早上，父亲在收拾我和妹妹的被褥时，发现里面居然藏着一把菜刀！那把刀就藏在被褥和破烂的榻榻米之间。当时，我1岁，而妹妹刚出生没多久。藏刀的人是母亲，她大概是想先结束我和妹妹的生命，然后自杀。父亲大吃一惊，慌忙带着母亲去看心理医生。他还请了一段时间的假在家照顾母亲。即便是这样，母亲还是偷偷地溜了出去，抱着我和妹妹站在电车的站台边上……等我长大后，母亲说，当时她的大脑一片混乱，只想轻松往下一跳，然后就能彻底解脱了……

◎ **离开父母，独自生活**

当时父母都在工作。母亲每天要打三份工。她的正式工作是文员，但是在上班之前，她每天一大早还得先去有钱人家做钟点工，做完后匆匆收拾一下去公司上班。晚上下班后，她又要做一份楼内清扫的工作。她拼命工作，根本没有时间养育我和妹妹，所以在我 3 岁、妹妹 2 岁时，我们被送到了爷爷奶奶家。

忙碌的父母只偶尔抽空来看我们。每次他们来看我和妹妹时，尽管时间短暂，我们却高兴得要命。至今我依然记得父母回城时渐行渐远的背影，以及我们兄妹两人对着背影不停挥手、却怎么也留不住他们的场景。在我长大后接受心理治疗时，我会突然感觉自己被孤独感包围。当我认真感受那种孤独感时，发现那是我远离父母独自生活时的孤独感，它非常强烈。

那是一种压抑的孤独。以前我并没有意识到它，但它的确对我的人际关系产生了很大的消极影响。我变成了一个感情迟钝、很难被感动的孩子。我没有活泼的激情和精力，不敢用自己的本来面目与人交往，我对外界关闭了自己的内心。

◎ **父母离异**

在我 5 岁时，我和妹妹又回到了父母身边。在恬静悠闲的农村、被开朗慈祥的爷爷奶奶抚养疼爱的生活彻底改变了。我们一家四口还是挤在城里那间狭小的廉价公寓里，父母经常吵架，我和妹妹又过上了气氛紧张的生活。在我上小学时，关系紧张的父母终于离婚了。父亲离开了这个家，母亲变得更加不安和焦虑。她经常骂我"笨蛋""傻瓜""懦夫"，还扇我耳光，甚至用菜刀压在我的手指上作势要切掉我的手指。

小时候我常常独自偷偷哭泣，认为自己是一个不幸的孩子。我变得胆小、懦弱、精神萎靡不振，一紧张就会咬手指甲。我很瘦，看上去病恹恹的。那时我还经常逃课，只为了去医务室躺着。

◎ 我成了校园欺凌的对象

我在小学和中学时经常被同学欺负。他们无缘无故地踢我、嘲笑我。那时的我没有自信、精神萎靡，欺负我的同学似乎看穿了我。我讨厌上学，也没有朋友。

初三的时候，发生了一件令我难以释怀的事情，给我带来了很大的冲击。毕业典礼结束后，我打开毕业寄语手册，发现班主任在上面写道："你是一个我怎么都看不透的孩子。"这就是老师对我的看法，我非常伤心。可是，我没有向任何人表达过自己的悲伤，只是面无表情地等着放学……

成年后，我的爱情也不顺利。我很少和女孩约会，即便偶尔约会，想的也都是"自己开不开心无所谓，对方开心就好"。**这种想法表面上看似是在关心对方，其实却隐藏着"能让我的伴侣过得开心，我才配做男人"的意识**。我通过牺牲自己的快乐来确认自己具有男性的价值，我只关心自己的言行能否让伴侣喜欢。显然，女孩和这样的我在一起并不会开心。

心理咨询带来的疗愈与成长

* * *

大学时期，我开始去看心理医生。经过一段时间的治疗，我逐渐开始接受自己，治愈了多年来自己不曾意识到的许多心理问题，获益良多。**从那时起，我开始喜欢自己，情绪也稳定了很多。我的人际关系问题越来越少，人生变得轻松和丰富多彩。** 30 岁的时候，我第一次交到了女朋友。

20 多年来，我一直从事心理咨询和心理治疗工作，我利用自己的专业知识，帮助求助者治愈心灵，不断成长。现在的我有良好的家庭关系和社会关系，能够热情饱满地专注于工作，我过得非常幸福。

本书适合那些想让自己的人际关系变得更轻松、更舒适和更丰富的人。

造成人际关系痛苦不堪的真正原因是什么？**我认为是童年时期的心灵创伤以及这些心灵创伤所形成的无意识的心结。** 在本书中，我会深入分析导致人们人际关系痛苦不堪的真正原因。这些原因是我从多年的从业经验、心理学研究以及个人成长和转变经历中总结出来的。然后，我会教你两种心理疗法，实现自我疗愈。

这两种疗法分别是"内在小孩疗法"和以智慧力量化解痛苦根源的"德马蒂尼方法"，它们都属于共情疗法。在内在小孩疗法中，你会像慈爱的父母一样，将满满的爱给予藏在自己内心深处偷偷啜泣的孩子。德马蒂尼方法会帮助你发现自己一直被爱包围着，你并不孤独。意识到这些，你心中的痛苦就能从根本上得以消除。

在本书中，我会教给你自我疗愈的方法。这些心理疗法是我在线下和线上的心理辅导中常用的方法，许多人通过这种疗法改变了自己的人生。

以下是我的患者给我的留言。

"我曾试着克服自己内心的痛苦，但那只能一时地缓解表面情况，并不能从根本上改变自己。在您的帮助下，我释怀了，我的人际关系不再让我感到痛苦，我第一次感受到了内心的平静和自由。我从心底感谢您。"

"迄今为止，我学过很多心理知识，也看过心理医生，但一直感觉身心被束缚而无法解脱。通过您介绍的疗法，我的人际关系有了不可思议的变化，我开始感到与人交往是一件愉快的事情！"

"以前的我经常感到沮丧、不安，没有自信，但现在那种隐隐约约的不安消失了，整个人神清气爽，现在我可以平静地与人交往了。"

在我的心理辅导下，他们的每一天都在切实地发生变化。

本书中描述的两种方法有很大的不同，但都是你立即就能做到的，所以请认真地多加实践吧。这两种方法运用得越好，你的人际关系就会越轻松、越快乐、越精彩，你也会越爱自己，情绪变得越稳定。

人生的方向取决于你真正想要过的生活。让我们一起踏上这段心灵修复之旅吧！

准备篇

第
一
章

共情疗法 1：
发现未曾注意的
心灵创伤

忍耐、愤怒，以及
与父母之间的关系。

"都怪他""都怪那件事"可以休矣

* * *

可以说人的烦恼几乎都来自人际关系。可是，只看到问题表面就想立刻解决问题，这种做法并不现实。要想解决问题，你首先要做的就是找到问题根源。要找到问题根源，你必须先回顾自己的内心。因此，在第一章我们要学的就是如何解开自己的心结。

人生在世，总要面对各种烦心事。当我们因为这些烦恼而感到痛苦时，我们往往会把原因归咎于某个人或者某件事。

"都怪爱人不支持我。"

"是因为 ×× 在背后说我坏话。"

"都怪上司做得太过分了。"

"因为工资太低了。"

"因为孩子不愿意上学。"

作为一名职业心理咨询师，从我的工作经历以及解决自身痛苦的经验来看，我认为让我们感到不安、伤心、孤独、震惊、痛苦的根本原因大都来自过去的心灵创伤。

请看以下事例。

> 美里今年 26 岁，是一名办公室文员。男朋友提出分手后，她患上了抑郁症，这导致她无法开始下一段恋情。于是她在线寻求我的帮助。她痛恨移情别恋的前男友，表示因为前男友的背叛，她再也不相信男人了。

失恋后，回忆那些心酸的往事，的确容易让人抑郁。但如果因为被人背叛而不敢恋爱，或者害怕与异性接触而抵触新的恋情，其中原因就不是被前男友抛弃那么简单了。

如果真的是因为前男友，那么她最多就是不再相信前男友，而不会迁怒于其他人。世界上有值得信任的异性，也有不值得信任的异性。如果因为一个人而不再信任世界上的所有异性，那就是一种极端的、脱离实际的反应。之所以会出现这种脱离实际的反应，并不是因为前男友移情别恋这件事本身，而是被前男友背叛这件事唤醒了她存在于内心深处的、被生命中重要的人背叛所带来的痛苦和苦恼。

你是如何看待这件事的呢？在这里，虽然我列举的是有关恋爱的案例，但是我们要讨论的问题并不仅限于恋爱的烦恼。

从心理咨询师的角度来看，当我与来访者一起寻找他当前痛苦的根源时，总能发现他们心中存在着过去未曾治愈的创伤。我一直致力于帮助他们去解决那些心灵创伤。一旦成功

了，他们的生活将比以往任何时候都轻松、自由、充满朝气。

◎　**痛苦的原因隐藏在这里**

当我们还是孩子的时候，就形成了"世界是这样的""人是这样的""我是这样的"等基本认知。那个时候，我们迫切想要的是一直被父母宠爱着以及安稳地生活，并欣然接受他们无条件的爱。

但是，世上没有完美的父母，也没有完美的抚育方式。我们多多少少都曾有过这样的想法："如果辜负了父母的期待，我就不会被爱。""如果表达自己的真实感受、想法、好恶，那往往会被父母拒绝。"

美里也是这样。通过我的心理疏导，她努力寻找自己"无法相信异性"和"害怕恋爱"的根源。最终她找到了，根源是"我会被抛弃""我不值得被爱""我没有魅力""没人真正关心我"等童年时期形成的，隐藏在内心深处，连自己都没察觉的信念以及这种信念带来的强烈悲伤、孤独和自卑感。

因为美里有这种连自己都没有意识到的信念，所以她经常与那些抛弃她的人结缘，经常下意识地做一些会让人抛弃她的行为。这种事情反复在她的身上发生。当真的被拒绝时，她心里就会涌出小时候被父母拒绝时的强烈恐惧感和孤独感。

也就是说，美里失恋的痛苦和对异性的不信任，源自隐

藏在她内心深处的童年时的不幸回忆，以及伴随而来的痛苦。这种痛苦在失恋的刺激下浮出了水面。

像美里一样，我们今天在生活中所经历的痛苦都源自我们小时候的痛苦经历。当我们感到心痛时，其实是内心深处那个幼小的自己在害怕、哭泣、愤怒。

◎ 总是回避问题后出现的现象

人生中没有百分之百。我们不知道自己是否会成功，不知道能否得到自己想要的结果，所以对生活感到不安是很自然的反应，这被称为"现实性焦虑"。例如，运动员在比赛前感受到的焦虑就是一种"现实性焦虑"，因为他担心比赛会输。"现实性焦虑"可以随着让我们感到焦虑的事被处理掉而消失，因此不会过度膨胀，也不会折磨我们。

与"现实性焦虑"相对的是**"因心灵创伤而产生的焦虑"，这种焦虑滋生了我们内心的痛苦。**创伤性焦虑来自过往的心灵创伤，是现实之外的过度焦虑。这种创伤性焦虑会让人们产生痛苦，导致破坏性的后果。然而我们却往往认为创伤性焦虑是对现实的焦虑。换句话说，我们认为我们之所以焦虑，是因为现实中存在引发我们焦虑的事实。我们并没有意识到我们的焦虑源自过往的心灵创伤。你或许知道这个道理，但是并没有真正地理解它。

下面介绍一个由心灵创伤引发焦虑的例子。

在竞争激烈的日本社会中，很多人从小在潜意识中就认为"必须把事情做到完美，这是一个人的价值所在"。这种信念源自自己的行为结果没有达到别人的期望而被人拒绝、斥责时的心理创伤。而且这种信念越强，你做事时感受到的压力就越大。它带来的结果是，你因害怕而无法接受挑战，或接受挑战后产生了很大的心理压力，又或者参与挑战后，因为心理压力过大而无法发挥真正的实力，失败时会变得非常沮丧。

前文提到过，运动员在赛前的焦虑是"现实性焦虑"。但是如果运动员的内心认为，输了比赛就失去了自己的价值，那么这就是心理创伤产生的焦虑。他越是焦虑，就越难发挥自己的实力。

人际关系也是同样的道理。许多人都抱有"如果以真面目示人，就会被人嫌弃（指责、鄙视等）"的想法。这种想法越强烈，你就越难向他人敞开心扉，只能戴上厚厚的面具，在与人交往时隐藏真实的自己。这种做法让你备感孤独。

◎ "不由自主"背后的原因

类似上文那样，我们在潜意识里把过去由心理创伤引发的焦虑，等同于了现实生活中的焦虑。你属于这种情况吗？你有没有把焦虑的原因归咎于其他人或其他事？比如"因为他，我才焦虑""因为这个世界太危险，我才焦虑"或"因为周围的人太有攻击性，我才焦虑"。

许多人出于这种认知，总想摆脱焦虑。他没有去了解焦虑背后的真正原因，而是躲避焦虑、混淆焦虑，糊里糊涂地活下去。那时，他往往会出现以下心理症状。

● 莫名的压抑感。

● 变得冲动、易怒。

● 烦躁。

● 情绪不稳定。

● 心灵容易受伤。

● 八面玲珑。

● 有攻击性、叛逆。

● 无法平静下来。

● 任何时候都必须保持完美。

● 固执。

● 无法闲下来。

● 缺乏学习和成长的激情。

当我们无法真正理解自己的焦虑时，就会产生"不由自主、无法控制"的束缚感和焦躁感，甚至社会中那些看似健康、积极、努力工作的人，他们的内心其实也有很多苦恼。

　　焦虑的诱因之一是愤怒。许多人害怕自己的愤怒，对愤怒抱有罪恶感，甚至会不由自主地压抑或麻痹愤怒。**而被压抑的愤怒一旦爆发，就会失去控制、伤害他人，导致人际关系出现裂痕，使我们感到孤独。**

　　接下来，让我们好好分析一下"愤怒"这种情绪。

压抑愤怒的机制

* * *

愤怒是一种非常重要的情绪，它是我们意识到自己的正当需求被否定或自己被侵犯时，捍卫自身权利时的一种必要情绪。

孩子第一次愤怒的对象往往是自己的父母。但是，如果孩子对父母发脾气，就有可能失去他们的爱。当孩子出现愤怒情绪时，父母如果能理解并接受孩子的愤怒，没有产生负面的、不稳定的情绪，那么孩子大概不会把愤怒看作是一种危险的情绪。

但实际上，很多父母都难以接受和理解孩子的愤怒。他们会生气，会感到焦虑，会不与孩子交流，有时还会打骂孩子。这样一来，孩子就会认为"如果我愤怒，爸爸妈妈就不爱我了，所以愤怒是一种危险的情绪"。然后他开始害怕愤怒并努力压抑自己的愤怒。需要注意的是，此处的"压抑"指的是下意识地压制、麻痹自己情绪的行为。

◎ **因为不了解，所以当作正当的**

我们越是对自己的愤怒感到恐惧和内疚，就越想压抑它。

对愤怒的恐惧和内疚越多，我们就越有可能情绪失控，向他人发泄怒火，而自己的心情也会很糟糕。当我们与别人发生冲突时，往往把过错归责于对方。但实际上，这源自我们对生命中重要的人（比如自己的父母）的愤怒所引发的心理创伤。

同样，当我们压抑内心的愤怒时，就会对长辈、上司和权威人士产生反抗和挑衅心理。我们还会经常批评或贬低他人，以此来发泄愤怒。但是我们并不知道那些攻击行为源自我们内心被压抑的愤怒，我们认为"攻击他们是因为他们应该受到攻击和蔑视，所以我们的攻击是正当的"。

◎ 当感受不到父母无条件的爱时

孩子渴望父母给予自己无条件的爱，希望无论自己是怎样的人，父母都会疼爱自己、珍视自己，而且这份爱永远都不会消失。当一个孩子在成长过程中体会不到父母的这种无条件的、不变的爱时，他们将生活在强烈的孤独、悲伤和无助中。怀着这种强烈的孤独、悲伤、无助和恐惧，他们毫无自信地踏入人生之路。于是，他们对让自己有这种感觉的父母产生了强烈的愤怒。

愤怒不断积累后就变成了憎恨。孩子对父母的憎恨，有时甚至会成为他们的杀人动机。这是人类的本性。

下面再举几个当压抑的愤怒爆发时的例子。这些例子告诉我们，日常生活中一些常见的行为有时是压抑的愤怒爆发的表现。

◎ 具有攻击型人格的大学教授

那是我在大学工作时发生的一件事。

> 一位教授和我一起负责某考场的监考工作。在监考过程中，他发现一名学生作弊了。出现这种情况时，通常的做法是悄悄地告诉学生"我发现你作弊了"，然后没收他的学生证，待考试结束后将他带到考务中心做下一步处理。
>
> 为了不影响其他考生考试，这些操作应该尽量安静地进行冷处理。然而，这位教授在考试现场勃然大怒，非常激烈地批评了那名学生。在安静严肃的考场里，他大吼道："你在干什么？"然后立即给学校的考务中心打电话，要求相关人员立即赶来，将那名学生从教室里带走并予以严惩。考试结束后，我和那位教授聊了几句。我发现，在他的眼里，这名学生是"敌人"和"坏人"，而不是"做了不明智之举的、对老师来说非常重要的学生。"

这位教授之所以持有如此强烈的敌意，大概是他自幼被父母严格要求"必须行事端正"导致的。在他的少年时期可能有过因为做错事而受到攻击或被否定的痛苦经历。又或者在他还是学生的时候，有过其他同学作弊得了高分，导致自己的成绩排名下降的经历。如果事实果真如此，那么他可能一直存在"成绩不好便无法得到爱或不被认可"的焦虑的情绪问题。

因为"作弊是不对的"是无可辩驳的常识，所以这位教授相信自己的做法是正确的，而**不会意识到自己的愤怒已大大超出必要范围**。

有些教授认为上述事件中的教授具有攻击型人格，从而对他敬而远之。但是有过类似行为的又何止他一个人呢？我们又何尝不是如此呢？仔细想想，你是否也曾将心中压抑的怒火向他人释放？你是否用看似合理的借口为这种行为辩解过？事实上这种行为在社会上非常普遍。以前曾发生过一群少年朝流浪汉扔石头，把流浪汉砸伤的事件。还有某著名高中的学生在观看体育比赛时，朝对方的啦啦队大喊"差生"的事件。

这种蔑视他人、攻击他人的行为其实是在为自己压抑的愤怒寻找突破口，只是他们自己没有意识到这点而已。向流浪汉扔石头的少年，还有对其他学校的学生大喊"差生"的高中生，他们都认为贬低和蔑视对方是因为对方应该被蔑视，是他活该。

◎ **伪装的善意**

还有一些人因为某种连自己都说不清的愤怒，在向对方表达好感和爱意后，最后却拒绝了对方。比如，有些人假装喜欢某位异性，最后却拒绝了对方。这些人或许一直在承受着被父母或其他生命中重要的人背叛的痛苦。难以承受的痛苦让他们控制不住地产生了报复他人的心理。他们会通过甜言蜜语和优雅温柔的行为试图赢得他人的好感，而他们这样做的真正目的是让别人依赖他、关心他。

也有一些人想要成为这种诱惑者的牺牲品。就像诱惑者一样，他们的感情处在一片荒漠中，总是贪婪地寻求别人的善意和认可。他们明明知道这样的爱情是虚假的，可是他们仍然欺骗自己，宁愿充当爱情的牺牲品。他们乞求诱惑者的爱，然后一次次地伤害自己。

接下来，我结合两位女性的案例，分析如果童年缺乏父母无条件的爱会如何影响自己的人生。我已征得案例中的当事人的同意。

"我没有能力"背后隐含的信息

喜欢小动物的美荣子（化名）小时候曾对妈妈说："长大后我想当兽医。"妈妈回答："想当兽医，你得先考上医学院。"美荣子当时从妈妈那里接收到的信息是"虽然不太明白什么是医学院，但妈妈的意思是除非一个人学习很厉害，否则这个人根本考不上医学院。像我这样的人肯定考不上"。事实上妈妈的目的大概是想激励美荣子，但美荣子接收到的信息却是"妈妈觉得我没有能力、做不到。妈妈是不会骗我的，所以她说的一定是对的，我是真的没能力"。

成年后美荣子接受了心理咨询，恍然间才意识到自己一直被"我没有能力"的心结所束缚，从而无法发挥出自己的潜力。

她在上大学的时候，边上学边打工存钱，曾独自环游欧洲一个月。这是一件很了不起的事，可她却没有太大的成就感。那个时候她的感受是"我踏上这段旅程，是因为想摆脱束缚自己的东西，但束缚自己的东西就在我的内心中，即使改变了自己所处的环境，我也无法摆脱它"。

美荣子是一个非常勤奋的人，她想通过勤奋向周围的人、向自己、向妈妈证明"自己可以做得到"。因为她的心里非常介意这件事，所以她总是感到焦虑，精神压力很大，常常强迫自己进行超负荷的工作。

被称为"冷血动物"的多惠

另外一个人是多惠（化名）。她说小时候爸爸曾称她为"冷血动物"，这个称呼让她刻骨铭心，是她从小到大的心结。从懂事开始她就告诉自己一定要对别人好，所以她努力对父母还有身边的朋友表现出亲切和友善。多惠被爸爸称作"冷血动物"时，她从爸爸那接收到的信息是"我不应该活在这个世界上"。所以即便长大后，她也强迫自己必须对别人保持友善。后来她意识到她做出这种强迫行为的一部分原因源自她的心结，即"变成温柔和善的女孩就能得到爸爸的认可"。这种心结让她非常在意别人眼中的自己是否温柔和善，因此在与人交往的过程中，她总是表现得不安、焦虑，背负着沉重的精神包袱。

此外，多惠还注意到，每当看到有人经历痛苦时，她都会焦虑地告诉自己："我必须做一个温柔的人。"然后不受控制地去安抚和帮助那个人。但是，**她无法左右别人的感受，所以尽管她诚心诚意地安慰了别人，有时效果却并不好。这时候挫折感会让她更痛苦、沮丧，甚至会让她产生负罪感。**

后来多惠成为一名心理咨询师。当来访者对她的服务感到不满时，她会害怕，而且手足无措。出现这个问题的根源在于年幼的时候她的内心一直相信"如果得不到人们的认可，我就不值得被爱"。这是多惠求助于心理咨询，在与自己的内心对话时发现的。

◎ 无法摆脱同一交往模式

美荣子和多惠都希望得到父母的认可和疼爱，她们按照父母期待的那样，努力去感受、行动、生活。可以说，越是感受不到父母无条件、恒定不变的爱的孩子，越是会拼命地讨好父母。

美荣子想通过学习和工作向父母证明自己"可以做到"，但很快这种想法变成了一个沉重的心理包袱，压得她喘不过气来。多惠认为"如果在别人看来她不够温柔，那么她就不会被爱"，因此多惠非常在意别人眼里的自己。这就是她人际关系的痛苦之源，当她无法安抚好痛苦的人时，自己就会产生强烈的挫败感和负罪感。

我们小时候之所以会听父母的话，是因为这是当时我们能力范围内能做到的最好的办法。**但是长大成人后，无论我们自己还是身边的人都发生了很大的变化，我们现在的人际关系与当时的亲子关系完全不同。在这种情况下，重复童年模式显然是行不通的。**

然而，我们并没有意识到这一点，仍在不知不觉中重复着童年的模式。其结果是，我们无法根据现实情况进行思考和行动，这导致我们的人际关系出现了各种问题，在生活中步履维艰，遭受着焦虑、恐惧和抑郁的折磨。

比如，一个人如果相信自己不时常保持微笑，就不会招人喜欢，父母也不会爱自己，那么这个人长大后在别人面前便会努力保持微笑。即使他们感到烦恼，别人看到的他们也是活力满满的，他们从不让别人看到自己的痛苦。没人注意到他们的痛苦，自然就没有人帮助他们。结果他们感到孤独无助，抱怨"没人理解我的痛苦""没人肯帮我"。

同样，一个认为爸爸不关心自己的女孩，长大后可能会与一个不珍惜她的男人恋爱，并受到伤害。或者她即使与一个性格温和的男人谈恋爱，也有可能怀疑对方对自己的感情是否真诚，而向对方提出不合理的要求以此来试探对方。男人最终会厌恶这种交往方式而提出分手。那时，女孩便会认为她潜意识里的想法是正确的，并抱怨说："果然没人真正关心我。"

◎　导致人际交往问题的不切实际的想法

如前文所述，人们内心往往有一种主观想法，它导致他们的人际交往出现了问题。这种主观想法源于心理创伤。这种想法越强烈，人际关系就越让人头疼，进而形成沉重的心理负担。

很多人因为"自己想得太多"而烦恼，于是有人劝他们"你想太多了，没必要这样想"。**但是，思考不是痛苦的根源。思考非但不是坏事，而且还很重要。**让人感到痛苦的不是想得太多，而是想法不切实际。

例如，有的人因为过往的心理创伤，在无意识中产生了这样的信念："人们如果了解真实的我，就会拒绝我。"这种想法让他们焦虑："怎样做他才不会讨厌我？""我应该怎样表现，他才不会拒绝我？"这样的人对别人不经意的举动感到焦虑不安，担心别人会讨厌自己。而他一旦下意识地认定"他们是在针对我""他们在嘲笑我""他们不关心我"，那么他们便很容易将别人不经意的举动解读为"是在责备我""是在针对我""把我当傻子""完全不在意我的想法"。这时，他就会感到愤怒和痛苦。

我曾经有过这样一段经历。有一位女性朋友，我曾经因为她的事情而生过气。事情是这样的，这位朋友给我发了一封电子邮件，内容全是她的烦心事。看到邮件后，我很生气："为什么给我发这些充满负能量的抱怨和不满？发这些东西到底是什么意思啊！"但是，后来我突然意识到，或许那个朋友想让我帮忙做点什么。于是我问她："我可以帮你做些什么吗？"她告诉我，那封信只是在倾诉她的苦恼，我无须帮她出主意或者帮她做些什么。

在我小时候，母亲过得很辛苦，当时我就想"必须帮妈妈做点什么"。**出于这种无意识的想法，每当我看到有人陷入困境时，都会自以为是地想"必须为他做点什么"。但对于那位女性朋友的烦恼，我有些无能为力，所以才会感到无助、痛苦、气愤。**

可见，过往的心理创伤带来的无意识的想法会让我们在与他人的交往中感到焦虑、恐惧、悲伤、愤怒，让自己背负沉重的心理包袱。其中的原因不是我们想得太多，而是我们戴着有色眼镜（源于心灵创伤的无意识想法）看待事物，所以无法正确看清现实。

在前文我说过"认真思考非但不是坏事，而且还很重要"。回到我的案例中，经过认真思考，我正确认清了现实，那就是给我写邮件倾诉烦恼的朋友只是想让我理解她的感受，并没有寻求我的帮助，也没有让我帮她解决问题。意识到这一点后，我的愤怒和心理负担减轻了不少。

痛苦不是因为我们想得太多，而是因为受到过去心理创伤的影响，导致我们的想法不切实际。

◎　父母的痛苦伤了孩子的心

即使成人之后，我们仍然容易重复小时候的感知方式和行为。比如在育儿方面，父母无法无条件地爱自己的孩子，无法照顾自己的孩子，还可能会伤害自己的孩子，这都是因为父母自己还有未解决的心理创伤。

很多人都在批判虐待、弃养孩子的父母。一想到遭受虐待的孩子的痛苦，人们不禁要责怪这些孩子的父母，这是一件再正常不过的事情了。然而，越是责怪这些孩子的父母，虐待事件越是会接二连三地发生。

有一种观点认为，应该好好教育那些虐待或弃养孩子的父母，告诉他们不应该这样做，必须严厉地惩罚他们。然而，这些父母并非不知道这种行为是错误的，也不会因为畏惧惩罚而放弃虐待孩子的想法。教育和惩罚的结果有时会适得其反。

虐待孩子的父母往往自己（通常是从小）得不到父母足够的爱，太孤独、无依无靠、走投无路、感到绝望，所以为人父母后才虐待孩子的。那些连续好几天把孩子留在家里不管而自己外出游玩的父母也是如此。

对于这样的父母，你越是批评和责难，他们就越不可能寻求别人的帮助。在他们看来，寻求别人帮助只会遭受非议和攻击。为了让这些人不再虐待和弃养孩子，我们要做的是了解他们内心的痛苦，为他们提供所需的支持和帮助，而不是一味地批评他们。人不会因批评而改变，只会因爱而改变。

否定孩子的父母究竟是怎样想的

* * *

父母越是无法爱自己和接受自己，就越无法爱孩子、接受孩子。

贵久（化名）领着初中辍学的儿子在我的线上咨询室向我求助。他对儿子辍学一事感到非常恼火，他说从儿子小时候开始，他对儿子的要求就很严格，他经常教训儿子："不可以这样做！""给我认真点儿！"在与他的交流中，我发现这些话正是贵久自小就对自己说的话，而且这也是他那严厉的父亲苛责他的话。他渴望得到父亲的爱，以至于他在接受父亲的这些负面信息的同时，将它们发泄到了自己的孩子身上。

◎ 愤怒情绪下自己与他人的关系

如前文所述，心理创伤与愤怒密切相关。你越害怕愤怒，就越对愤怒有负罪感，愤怒越会以扭曲的形式释放出来。除了向别人发泄愤怒，也有很多人把愤怒发泄在自己身上，不停地折磨自己。

日本文化重视人际关系的和谐，人们非常害怕遭受别人的非议，所以很多人把愤怒指向了自己。这种倾向很可能引发身心疾病（由心理因素引起的生理疾病）和抑郁症。

愤怒情绪是"无法喜欢自己""没有信心"和"自卑"等内心痛苦的根源。一个无法喜欢上自己的人，他的内心肯定也在厌恶或憎恨着某个人。

否定自己与否定他人就像同一枚硬币的正反面。否定自己的人，他的内心也在不断地否定别人。同样，自卑感和优越感也是同时存在的两种情绪。自卑的人经常会在内心批评别人，"那个人太无耻了""这个人真没用"。而具有强烈优越感的人，他的内心必定有强烈的自卑感。因为自卑使人太痛苦了，所以他控制不住地产生了强烈的优越感。无论是自卑感还是优越感，无论是否定自己还是否定他人，这些行为和想法的根源都可以追溯到未解决的心理创伤和愤怒情绪上。

◎ 怕见生人也是事出有因的

怕见生人、做事畏首畏尾都是人们对人际交往感到焦虑的症状。这种症状的根源是隐藏的愤怒。我们内心充满愤怒，但自己却不知道。我们因为害怕愤怒，所以才愤怒。实际上，我们能感受到自己对他人的攻击性。那是因为我们将内心的愤怒投射到了外部世界，感到他人在针对我们和否定我们，于是我们变得更加焦虑和多疑。

◎ 逐渐从他人的束缚中解脱

人们往往不重视自己的情绪，甚至忌讳表达情绪。但是情绪对我们来说非常重要，愤怒同样如此。坦然接受自己的愤怒，对于我们重获情绪上的自由，爱自己、接受自己来说至关重要。

那么怎样才是坦然地接受愤怒呢？接受愤怒并不意味着可以随意发泄愤怒，对别人大吼大叫、使用暴力或破坏东西；也不是指可以保持沉默或无视他人的存在。

对他人发泄愤怒或者无视他人是因为我们害怕自己的愤怒，对愤怒感到愧疚是因为我们无法忍耐愤怒。

我们不想去感受愤怒的情绪，所以把愤怒转化为行动。**在心理咨询的理论中，这种做法被称作"行为转变"。**因愤怒大吼大叫、哭泣或使用暴力的人，他在发泄情绪的过程中，他的愤怒程度远不及周围人感到的那么强烈。**自己没有意识到的愤怒早已经深深地伤害了自己和他人。**

相反，勇敢面对自己的愤怒，用勇气和谦逊去容忍它，那么它的破坏性就会逐渐消失。接受愤怒意味着去爱、去认可和接受自己是一个会愤怒的人，是一个有权利去愤怒的人，甚至是一个容忍愚蠢的愤怒的人。后文会具体介绍如何做才能勇敢面对愤怒。我们无须将愤怒转化为行动，而是直接去感受我们的愤怒。完美做到这一点很难，但只要比之前有所进步，我们就能更坦诚地感受自己的愤怒。反过来说，你越是真正了解自己为什么而愤怒，越是接受自己的愤怒，就越能更好地处理它，它对你的伤害也就越小，你便可以从无谓的烦恼中解脱出来。

看到这里，相信你已经明白压抑的愤怒是多种痛苦的根源了。尤其是你对父母的愤怒往往是导致你的人际关系痛苦的根本原因。如果你不解决对父母的愤怒，那么在人际关系方面你做得再多，也只能是凿隧入井，收效甚微。

这一章介绍的是现在生活中的痛苦大都源于过去未曾治愈的心理创伤。在下一章中，我们将进一步学习心理创伤的本质。

第二章

共情疗法 2：
理解疗愈和成长的
真正含义

所谓的"积极思考"
反而使事情变得更糟糕。

烦恼自然化解的瞬间

* * *

正如第一章开头部分提到的，人们的烦恼大都与人际关系有关。我们总是觉得"错的是别人，而不是自己"，总是想着"怎样做别人才能为我改变"。比如，有的家长因为孩子不愿上学而烦恼："孩子厌学了，我怎样做他才能愿意去学校呢？"作为家长，自然会担心孩子的学业，但是自己的烦恼有时不能依靠他人的转变来解决。以我们自身来说，很多情况下我们的烦恼随着年龄的增长和心智的成熟，自然能得以解决。

本章要讨论的问题是，在解决社交问题时我们应该将焦点放在哪里，论述重点是心理创伤的本质以及自我疗愈与个人成长的重要性。

◎ 是什么导致了龟兔赛跑的结局

童话故事《龟兔赛跑》中，为什么跑得快的兔子输了，而慢吞吞的乌龟却赢了？这个童话故事告诉我们的道理是"不要管别人怎样，要专注于自己的目标，坚持不懈地努力下去"。

兔子看着乌龟，拿它和自己比，但是乌龟并没有理会兔子，只是按照自己的节奏努力前行。当我们看着别人，想着

"问题都在他，我怎样做才能改变他"的时候，我们的情绪便会被那个人左右。当你为了得到某人的认可而忽视自己时，你就已经被那个人控制了。**当你批评别人，与人攀比产生优越感或自卑感时，你已经被对方控制和左右了。**

我们不能像兔子那样与别人攀比，而应该好好想想自己想成为怎样的人，如何经营自己的人生。确定好自己的目标，将目标放在人生的重要位置，这样我们就能坚定自己的信念、摆脱他人束缚，获得精神上的自由。当你坚定且自信地按照自己的节奏前行，努力过自己想要的生活，变成理想的自己时，你就会发现烦恼正在逐渐消失。

将焦点放在自我修炼上

* * *

当我们有了烦恼后，就会出现担心、焦虑、恐惧、愤怒、怨恨、轻蔑、阴郁等负面情绪。出现这些情绪是很正常的，不过有些问题我们不能忽视。那就是在这些负面情绪的裹挟下，我们无法很好地消除内心的烦恼。

因为孩子不愿上学而感到不安的家长就是典型的案例。他们总是焦躁地询问："我怎样做孩子才能愿意上学？"事实上，这种消极情绪无助于解决问题，反而会让事情变得更加消极。而且我们的负面情绪（担心、焦虑、恐惧、愤怒、怨恨、蔑视等）会在无意间传递给对方，进而影响我们与对方的交往。即使你尝试隐藏自己的负面情绪，这些情绪也会影响你们之间的关系。

当你被黑暗吞没时，不论你怎么挣扎都难以走出黑暗。但是当你自己变成一道光时，黑暗就会自动消散。我想说的并不是一些自我启发导师标榜的"积极思考"，他们倡导的是"永远快乐、永远闪亮、永远积极"。显然，这种想法是不现实的，你越想积极地思考问题，就越会隐藏你自己的真实感受，让问题变得更糟糕。

为什么积极思考行不通呢？因为每一个烦恼都来自你内心的创伤。关于这一点，我要分享一下自己的经历。

◎ 亲身经历后才明白的道理

笔者在接受心理治疗后，在内心深处发现了以前自己不曾注意到的想法。

"都怪我要这要那，给妈妈增加了负担。我以后绝不再伸手向妈妈要东西了。"

"如果不成为坚强的男子汉，我就无法得到爸爸的认可。我是没人爱的孩子，我很孤独、悲伤和痛苦。以后再也不能这样了。从现在开始，我必须表现得非常坚强。"

"我辜负了妈妈的期望，所以妈妈很生气，她认为我是一个不争气的孩子。我必须从现在开始拼命努力，我一定要成功，这样她就高兴了。如果做不到，我就不配活在这个世上。"

"做了坏事被大人发现了，他们训斥了我。下次我一定要小心，不让他们发现。今后为了不被人训斥，我绝对不能袒露自己内心的想法，一定要悄无声息地行动。"

这些都是笔者在接受心理治疗后发现的自己内心中的无意识的想法。笔者没有意识到自己曾经有过那样的想法，也没有意识到直到现在还被小时候的那些想法所支配。

　　无论是接受心理治疗的经历，还是作为职业心理咨询师的工作经历，都证明了当我们深入探索自己的内心时会发现，自己当前的愤怒、悲伤、孤独、压力、抑郁、内疚、自卑等情绪，**都是在童年时与父母等生命中重要的人之间情绪经历的再现。正是因为那些心理创伤还没有被治愈，所以我们现在的生活中才会出现负面情绪。**

这样的想法造就了现实

* * *

童年时期我们如果经历过一些事情，出现了焦虑、恐惧、孤独、愤怒或内疚等痛苦情绪，我们肯定会想"我再也不要体验那种痛苦了"，于是在当时的情况下做出最有利于自己的选择。

关于这一点，还是用本人的案例来说明。向妈妈要东西时如果被妈妈训斥和责骂会感到伤心、难过、孤独，害怕失去她的爱，于是暗自下定决心"都怪自己要东西，妈妈才会骂我。从今往后我再也不向妈妈要东西了，这样就不会被妈妈骂了"。

在成长的过程中，我们会下意识地认为我们童年时期做出的决定是绝对正确的，并在长大后的人际关系中不断重复做出同样的决定。于是我们就会变成一个不知道自己想要什么、想做什么、喜欢什么和不喜欢什么、想让别人为自己做什么和不喜欢别人做什么的人。甚至你会觉得告诉别人"我想让你这样做"或"我想要这个"的想法是自私的，会为此感到抱歉。

但是你要知道，现在的你已经不是童年时的自己了。你有了更强的能力和更多的自由，你身边的人也和当年的妈妈不一样了。然而，在你看来，你还是小时候的自己，周围的人也和当年的妈妈一样。你在这样的信念下感受、思考和行动，却没有发现这一切都脱离了现实。

就笔者而言，现在打交道的人已经不是在我想要什么东西时对我发火的妈妈了，他们更想让我坦率地表达自己的想法。当笔者对别人隐藏自己的真实想法时，对方可能觉得太客气，不愿吐露心声，因此会保持距离，不愿坦诚相待，甚至可能觉得笔者是一个不知道在想什么的人，是一个令人害怕的人。这样一来，笔者会变得很孤独，无法得到自己想要的东西，人生总是抱有遗憾，于是无法在现实世界中坦然地生活。这也是笔者对自己的人际关系感到不满，倍感压力的原因所在。

心理创伤的本质是在过往的痛苦经历中感受到的悲伤等情绪，以及"再也不想经历一次"的愿望所产生的想法和决心。

心理创伤中尤其重要的、占比最多的是我们小时候感觉到父母不爱我们时的情绪和想法。这些情绪和想法伴随而来的是恐惧，我们害怕失去幸福生活所必需的东西，例如爱、安全感和自我价值。

从小生活在痛苦中的人更容易产生焦虑、恐惧和强烈的担忧等负面情绪。因为焦虑和不安太让人痛苦了，所以有的人试图压制焦虑，他们固执地相信自己没有太多焦虑，而且在行动中也表现得好像既没有焦虑也没有恐惧一样。在喜欢危险驾驶和危险运动的人士中，有些人仅仅是为了证明自己没有焦虑而去从事这些活动。这是一种强迫行为，他们不允许自己焦虑，所以试图否定焦虑的存在。

不要被"扭曲的快感"所左右

* * *

心理创伤往往伴随着焦虑和恐惧，同时还排斥了他人温暖的爱。他们不相信自己的价值、别人的友善、人性的光辉、社会的安全。有些人不但无法坦然地接受他人的善意，甚至还对自己的价值、别人的善意等正面举动表现出抵抗情绪。他们会攻击待人友善的人，说他们是伪君子，他们还会嫉妒那些生活幸福的人。

此外，内心痛苦会让人对黑暗的事物更敏感。如此多的负面消息刊载在电视和报纸头条上，如此多的八卦故事出现在媒体上，都与公众的喜好有很大的关系。在寻求幸福的同时，他们也在寻找不幸和黑暗，并感叹"社会中全是糟心事"。

对于心理创伤来说，这是一种扭曲的快感。内心的痛苦试图阻碍我们的心灵治愈和成长。这种做法与我们"追求幸福""治愈、解决内心痛苦"的愿望背道而驰，它让我们在不幸的路上愈行愈远。

每个人的心中都有这种念头。下一章我们将详细了解那些阻碍我们心灵疗愈和成长的内心活动。

第三章

共情疗法 3：
发现解决问题的
阻力

将"内心的黑暗"
转化为力量。

黑暗并非罪恶

* * *

如前文所述，心灵创伤是人际关系中痛苦和重负的根源，然而它并非罪恶。

正因为内心有黑暗，我们才能在人际交往中真切体验和感受到善良、希望、喜悦、勇气和成长等积极情绪。黑暗是感受光明和喜悦的舞台，对我们来说必不可少。圣雄甘地说过："在这个世界上如果你想要看到一些不同、一些改变，那么首先要成为那个改变。"正是因为有黑暗，我们才有机会变得善良，充满希望、欢乐和勇气。事实上，将黑暗视作"罪恶"，否定它、对抗它的行为本身就是一种黑暗。你越是那样做，黑暗就会变得越强大，人际交往给你带来的痛苦也就越多。

我们要在这个世界上成长和体验快乐，黑暗不可或缺。我们越了解它、接受它（甚至感激它），就越能在人际交往的痛苦中成长，而不是被这种痛苦支配、折磨，变成可怜无助的受害者。这就是黑暗存在于世界上的目的。

为什么不想过得幸福

* * *

我们都渴望在充满爱的人际关系中幸福地生活，但是有些人因为人生太过悲苦而感到绝望，他们认为不开心也没什么。然而事实上，他们内心的真实想法仍然是想要获得幸福。

我们希望实现自己的人生目标，为社会做出贡献，过上更充实的生活，但是，你内心的愤怒和痛苦越多，人生目标就离你越远。

我们的内心有自我疗愈的力量，我们渴望并且有能力找出我们人际交往中感到重负、压力、愤怒、悲伤等情绪的根源，进而解决这些情绪问题。

现在正在阅读本书的你，想必也有人际关系方面的烦恼，想在本书中找到解决之道。然而，我们的内心一方面希望找到方法并解决问题，但另一方面又抗拒这一切。因为这种抗拒心理，我们渴望幸福，但也会度过多年的不幸时光，甚至有人终其一生都在不幸中度过。

◎ 带着巨大痛苦离开人世的女士

曾有位 50 多岁的女士参加了笔者的心理辅导培训活动。

她介绍自己曾是一名高中教师，有一次与学生发生了冲突，得了心因性失语症❶，从而再也不能上课，只好辞去了教师的工作。她很瘦弱，面容憔悴、表情阴郁、双眼无神，脸上满是深深的皱纹，似乎在诉说着她无尽的苦楚。

在那次心理辅导培训活动中，那位女士登台以咨询者的身份和笔者进行了对话。她在众人面前讲述了她以前经历的各种艰辛和眼前的烦恼。

她说她的人生充满了愤怒、孤独、悲伤和自卑。

培训活动结束后，她主动提出要接受心理辅导。她说："心里有太多没有治愈的伤痛。"但是当时笔者的工作日程排满了，无法抽出时间，所以将她的治疗排在了后面。

一年之后，排到她了，我给她打电话准备告知她心理辅导的相关事宜。她的家人接了电话说："她已经去世了。""啊？"突如其来的变故让人错愕不已。当笔者告诉她的家人这位女士曾想找我做心理辅导时，她的家人说："她没和我们说过这件事呀。"

挂断电话后，我一直在想，这位女士究竟经历了怎样的人生呢？从她当时的样子和说过的话来分析，她的一生充满了

---

❶　心理原因引起的失语症。表现有语言交流障碍、复述障碍。——编者注

痛苦和艰辛。果真如此的话，那的确是件非常遗憾的事情。回想起那位女士暗淡无神的眼睛、诉说过的人际关系的痛苦经历以及心中太多没有治愈的伤痛，我相信她肯定是带着巨大的痛苦和未解决的问题离开这个世界的。

我们渴望消除因人际关系问题带来的痛苦，可我们的内心深处却在顽固抗拒去寻找解决内心痛苦的根源。

我们的内心为什么会有这种抵触情绪呢？从我多年从事心理咨询工作的经验来看，主要有以下 9 个原因。我将对这 9 个原因展开抽丝剥茧的分析。

抗拒化解内心痛苦的理由一

担心隐藏、回避的情绪一旦表露出来，会出现难以承受的后果；担心观察自己的内心后，会出现可怕的事情。

愤怒、悲伤、孤独和内疚等负面情绪是令人痛苦的。**我们的内心有无意识的自动抗拒机制，让我们尽量不去感受那些痛苦。**这种机制可以防止我们被痛苦的情绪压倒。

每个人都害怕面对自己内心的情绪。于是你会对自己说"我没什么不幸的""我没什么烦心事""我没有生气""我已经原谅他了""那件事已经过去了，我要向前看"，不敢直接面对自己的内心。

然而，阻止我们感受自己真实情绪的机制只能起到暂时的作用。如果我们持续压抑或麻痹自己的情绪，生活中就会出现各种问题和痛苦。正如前文所述，压抑的愤怒一旦爆发会伤害他人、伤害自己，有时还会破坏你的人际关系。压抑自己的情绪会让你无法感受到快乐，也感受不到生命的意义。极端情况下会耗尽你的能量，让你陷入极度痛苦的抑郁泥沼里。**此外，压抑的愤怒会让你在人际交往中感到焦虑，十分在意自己的形象，在意别人对自己的看法。**

但是，一个称职的心理咨询师不会让来访者在没有做好准备之前就直接面对自己的情绪。所以，当你一旦说出那些自己曾经压抑的、回避的情绪时，你会发现后果并没有那么可怕。表达出压抑已久的情绪，一时间可能会让你痛苦，但同时也是一种缓解和释放，会让你的人际关系变得更轻松、更自在。

抗拒化解内心痛苦的理由二

我想解决内心的痛苦，但是找不到好的心理咨询师。

想接受心理咨询的人都担心心理咨询师不可靠。这种焦虑不安来自对他人的不信任感，这是过去被人背叛或伤害的痛苦经历造成的。他们认为"如果展示真实的自己，别人就会否定我、批评我、抛弃我、鄙视我、憎恨我，没有人能真正了解我"。出于对他人的不信任，他们变得孤独，人际交往也变得很痛苦。

不信任别人，所以害怕别人帮助自己，这似乎是顺理成章的。但是这种做法并不合适，就像你明知道自己生病了，却不肯就医一样。或许之前你曾因为在焦虑不安中做出了选择而变得孤独，所以现在你拒绝别人的帮助。但也只有跨越这种心理障碍，在别人的帮助下勇敢地面对自己，你才能摆脱焦虑、痛苦和不满，拥有理想的人际关系。

抗拒化解内心痛苦的理由三

反抗心理和愤怒曾经是我努力前行的动力。这些情绪一旦消失了，我会变得懒惰，再也无法努力了。

很多人持有这种信念。依靠反抗心理和愤怒顽强生活的人往往拒绝放弃这种信念。这种心理经常是无意识的，我们往往在不知不觉中就这么做了。

"你竟敢这样!""我一定要以牙还牙!"这种反抗心理和愤怒会给人带来巨大的力量，帮助我们度过逆境和挫折。很多人依靠反抗心理和愤怒取得了重要的成就。在此之前的人生当中，反抗心理和愤怒成为他们在各种困境中愈挫愈勇、奋力向前的最好方法。因为明白这一点，所以他们害怕放弃反抗心理和愤怒。

然而，把反抗心理和愤怒当作奋斗动力也会给我们的生活带来诸多消极影响。

首先，你身边会出现很多让你愤怒的人。这些人包括伤害你的人、欺骗你的人、针对或鄙视你的人、阻碍你行动的人。这样一来，你会陷入混战之中，身边总会发生不顺心的事。在混战中，你会伤害别人，你的内心深处会由此产生负罪感，并感到痛苦。

从我多年从事心理咨询工作的经验来看，**如果你对某个**

人抱有怨恨的心态，那么同时你也会对他产生一种连自己都意识不到的负罪感。例如，一个人对他的父亲产生了愤怒或怨恨，那么他不知不觉中会产生一种"我伤害了他""我拒绝了他的爱"的负罪感，这种感觉是痛苦的。

为了让反抗心理和愤怒成为我们前进的动力，我们必须把某个人看作是坏人，坚信自己"因为他而遭受了不该承受的痛苦，成为悲惨无助的受害者"。作为受害者活下去是非常痛苦的，而且无助的受害者这一身份会使其逐渐丧失自信。从这个意义上说，我们虽然通过反抗心理和愤怒获得了前进的动力，但内心早已满目疮痍、苍白无力。

比如，有的人在职场上表现得精明能干，是非常强势的上司，但他却感觉自己是一个非常软弱的人。这样的人往往会把自己是软弱无能的想法转变为现实，成为公司高层决策和内部派系斗争的牺牲品。

另外，反抗心理和愤怒会导致我们断绝与他人的交往，让我们变得孤独。当我们无法接纳别人的爱，也无法爱别人时，我们内心深处就会感到一种孤寂的痛苦。

如果你厌倦了这种生活方式，那么从现在开始，请以爱和感恩为动力生活下去。你会发现，爱和感恩不会让你因困难而崩溃，你的人际关系会变得更温暖，人生会变得更和谐。

抗拒化解内心痛苦的理由四

如果原谅他，我也会变成像他那样的人，所以我必须坚

信他是一个坏人。

很多人认为"父母对我很不好，我要把他们当作反面教材，今后一定要好好疼爱自己的孩子"。同样，也有很多人认为"如果原谅了使用暴力的父母，那么我生气时也可能对他人使用暴力，所以我必须坚持自己的看法，把父母看作坏人"。

为了相信"他是坏人"，我们就需要找到"善良的受害者""无辜的受害者"。于是我们就愈发坚持"他是坏人，我是可怜无助的受害者"的想法，继续做一个可怜无助的人。

另外，如果我们把某个人看作反面教材，我们自己也会和那个人做同样的事情。例如，批判虐待孩子的人也会伤害弱者；批判对婚姻不忠诚的人也会对婚姻不忠诚，或者他虽然没有出轨行为，但是却把爱和关心都给了别人而不是自己至亲的人（比如一位妻子将爱和关心从丈夫身上转移给了孩子、朋友或者自己的工作）。

事实上，如果你对某个人抱有愤怒或怨恨之情，你就会被他控制。而当你爱对方、感激对方时，就能从那个人的精神束缚中解脱出来。那时，获得解脱的你会倍感轻松和自由，迎来幸福美满的人生。

抗拒化解内心痛苦的理由五

让自己不幸，是为了让对方感到内疚，逼对方道歉。

有的人对父母怀恨在心，他们认为"我生活不幸福是因为父母不够爱我""父母虐待我，所以我才无法得到幸福"。

他们在潜意识里希望通过自己的不幸来报复父母，让父母看到他们对孩子的伤害有多大，希望有一天父母向自己道歉。他们认为如果自己过得幸福，就永远没有机会让伤害自己的人明白"你给我带来了多大伤害，让我多么不幸"。

为了主张自己的正义而不惜牺牲自己的幸福，让对方低头认错的想法是人之常情。但问题是，为这一念头受苦的不是别人而是你自己。

即使对方在未来的某一天向你道歉，你也不可能真正接受他的道歉，你的痛苦并不会消失。因为在仇恨和痛苦中度过的时光已经流逝，所以你会想"现在才来道歉又有什么意义呢"。要知道，一个人长期痛苦的原因不在别人身上，而在自己身上。

通过展示自己的不幸来报复他人的心态常见于自杀者的心理。他们痛恨别人让自己遭遇不幸，而他们在痛恨他人的同时也摧毁了自己。

事实上，你再不幸，对方也不会真正为此负责。即使他们愿意负责，你也不会因此变得幸福，你将在不幸中走完自己的一生。

这里还要告诉你一件重要的真相。当我们对他人抱有愤怒、仇恨、蔑视或其他负面情绪时，其实是在否定我们自己曾经对他人做过的或正在做的同样性质、同样程度的事情。**换言之，我们想要否定他人的时候，正是我们看到别人重复我们曾**

经做过并下意识隐藏起来的带有负罪感的行为的时候。

是否宽恕别人,看似是你对别人的态度,但实际上是你对自己的态度。因为怀着对他人的负面情绪生活是你对自己的否定,是一种无爱的生活。因为你自己也曾经做过某些事,这些事与对方的行为性质相同,所以你否定他人,同时也是在否定自己。

正如前文说过的,有的人虽然批判了别人对婚姻不忠诚的行为,但是他可能在过去或现在也在做同样的事情。他的行为可能以其他的形式表现出来,但本质上与对婚姻不忠诚的性质是一样的,例如把爱和关心从爱人身上转移给了他人,又或是不信守诺言等。他们暗自憎恨自己,为自己的所作所为感到羞耻。

当你发自内心地爱别人、感激别人时,也会发自内心地爱自己、感激自己。那时,你就能摆脱他人的精神束缚,轻松自在地与人交往了。

抗拒化解内心痛苦的理由六

认为"他做了坏事却潇洒地活着,而我却必须要改变,太不公平了"。

有时我们坚持认为自己是对的,别人是错的,让别人改正错误,所以我们选择不幸地活着。但事实是你越是坚持"自己是对的,别人是错的",你越会感到愤怒,自己的生活就越不幸。你会觉得这是很不公平的事情。你把自己当作受害者的想法造成了自己的不幸。

从现在开始让自己幸福地活着，这样你才会感到公平。而且当你找到了让你愤怒的原因后，就不会再指责对方了。

抗拒化解内心痛苦的理由七

父母过得不幸福，我也应该陪着他们一起不幸福。自己过上幸福的生活是对他们的背叛。

孩子希望父母生活幸福。当孩子看到父母过得不幸福时，就想帮助他们获得幸福。例如，有的孩子看到爸爸打骂妈妈时，自己就想保护妈妈、安慰妈妈，跟妈妈站在一起；看到爸爸抑郁时，自己就会陪着爸爸一起悲伤，面色阴郁，不会流露出喜悦的表情。孩子认为自己如果过得幸福，就等于把不幸的父母抛在了身后，就是在背叛父母。

但事实是，对于父母来说，最让他们痛苦的莫过于自己的孩子因为自己而变得不幸。你的父母盼望你能变得独立，能珍惜自己，并感恩父母，生活幸福。

还有一个案例同样是认为自己获得幸福是对他人的背叛。有的人为失去亲人而悲伤，他认为自己幸福了就会忘掉逝去的亲人。这是人们下意识地选择永远沉浸在悲伤中的原因。

但事实是，因为亲友的离世让自己过得不幸福，并不能说明你重视他们。对于活着的人来说，坦然接受离世亲友赠予的有形或无形的礼物，珍惜当下、过好每一天，才是对亲友最好的告慰。

抗拒化解内心痛苦的理由八

认为"如果幸福是靠自己争取的，那么过往的不幸人生也是由自己造成的。这一点我无法接受"。

人有时会牺牲未来为过去辩护，这样的人拒绝为自己的人生承担责任，在抱怨自己的不幸"是别人造成的""是社会造成的""是自己的残疾造成的"的同时，还认为救世主早晚会来拯救自己。

如果这样一味地逃避，总有一天他会发现自己救世主的想法只不过是一种幻觉。那时，他会痛彻心扉，对人生感到绝望，心情抑郁，甚至自暴自弃。但事实是，如果我们选择牺牲未来为过往的不幸辩护，那么就是在浪费我们从过去的痛苦中获得的教训、力量和经验。

不仅是喜悦，苦难也会馈赠给我们珍贵的礼物。例如，从苦难中你可以发现自己具有自强自立、坚韧不屈的性格，发现那些助你内心成长的人。你还会关注自己的内心，发现自己的精神世界是如此丰富、找到自己的兴趣爱好等。充分利用这些来自苦难的礼物，让自己幸福地生活下去，才是你对过去最好的回应。

抗拒化解内心痛苦的理由九

相信"如果保持弱小、天真的性格，就能依靠别人生活，并感到安全和幸福"。

有些人在不断寻找可以拯救自己的救世主，想要过依赖他人的生活。时间久了，他们就会看不起自己，产生强烈的自卑感。他们会因自卑感和极低的自我成就感而备受煎熬。另外，自我否定会让人变得无助，容易受到他人的摆布。

当你放弃依靠自己的力量，而是依赖别人生活时，你的人际关系会变得非常痛苦。但是，如果你能勇敢承担起自己的责任，就能够做到自尊自爱，更愉快地享受社交活动，不再受人摆布，并开启新的人生旅程。

表面上的改善只会让你背离解决之道

* * *

再次强调的是，我们的内心有一种自愈力，可以让自己变得幸福，能从根本上治愈心灵创伤、解决痛苦，我们需要努力朝着这个方向成长。但是我们的内心还有一种阻力，这种阻力拒绝让自己面对心灵创伤和解决精神痛苦。

上文为你介绍了 9 种常见的抗拒化解内心痛苦的理由。这些原因让我们不愿面对并解决给自己带来不幸和压力的心结，只想消除或减轻表面症状，并为此苦恼挣扎。重要的是，我们并没有意识到自己这样做是在为幸福设置障碍。

以下是曾经的上司的故事。

◎ 喜欢灵力的上司

笔者在美国工作时，有位女上司很喜欢研究灵力。她曾去听过一位著名导师关于"善待他人"的讲座，听完之后她深受感动，逢人便说"现实其实是内心的反映"，还写过一篇名为《人是值得尊重的存在》的文章。而公司外部的人只看到了她对外展现的一面，对她大加赞赏。

然而，这位上司在工作中却露出了完全不同的面孔。

有一次，去会议室开会的路上，她说今天的与会人员里有一些"邪恶"的人。

但是在会议开始后，这位上司第一个站出来破口大骂她讨厌的员工。**事实上，散发出"邪气"的正是她自己。** 平日里稍有不顺心，她就会抱怨"都怪那些人"。她会敌视他人，经常在会议上大声数落他人，背地里也经常说人坏话。公司其他部门的同事都知道她有"攻击型人格""爱惹麻烦"。这位上司有很强的自卑感，多年来一直在服用抗抑郁药物。她身体也不好，有高血压等多种疾病。看来，她的愤怒让她的身体和精神饱受折磨。

想要变得轻松，就不要依赖它

* * *

很多人都像上面那位上司一样，不愿主动寻找痛苦的根源，也不想解决它，只是想方设法地减轻痛苦的症状。那位上司只想通过寻求外界帮助、服用抗抑郁药物等外在因素来减轻自己的痛苦。

我们用来减轻痛苦症状的方法主要有以下几种。

- 学习心理学知识，通过心理学知识和理论来疏导自己。

- 寻求别人的建议。

- 坚信有人会来拯救自己，依赖他人。当对方的做法未能让自己得偿所愿时，就责怪对方。

- 通过积极思考，努力不去感受痛苦和焦虑不安。

- 否认痛苦的感受，告诉自己"没有不幸福"。

- 使用药物、食物等手段，或采用购物、聚会、娱乐等方法，暂时扰乱情绪，逃避孤独或人际交往压力。

- 拒绝从根源上解决人际交往问题，而是花钱做美容整形、穿名牌服装、提升学历、考取职业资格证书、争取闪亮的头衔，或者找一个令人称羡的恋人等。

● 永远保持忙碌状态，充实自己的内心，这样就没有时间去感受内心的痛苦。把工作日程填得满满的，成为一名工作狂。利用电视、互联网视频、广播和音乐播放平台的声音填充自己的时间和空间，避免独处时太过安静。

勇敢地向前迈出一步吧

* * *

烦恼是成长的机会。

我们的内心有一种无意识的抗拒心理，让我们不愿意去寻找烦恼的根源，也不愿意从根本上解决它，只想要缓解痛苦的症状。但是，真正的解决办法不是回避寻找痛苦的根源，也不是假装没有痛苦，更不是强迫自己不去感受痛苦。

那么，怎样才能真正解决自己的人际交往问题呢？如何才能改善与别人的关系呢？下一章将介绍一些具体的方法。

实践篇

第四章

共情疗法 4：
利用"内在小孩疗法"
消除内心痛苦

从内心接近自己。

这样做使她的内心得到了满足

* * *

终于到了本书的实践篇。本章首先为你介绍如何利用"内在小孩疗法"进行自我疗愈。**这种疗法将教你怎样把之前一直渴望却没有得到的爱和关心倾注给自己。通过这种方法来一点点治愈因人际关系而带来的焦虑和痛苦、空虚和不安。逐渐地，你的内心就能感到满足和温暖，进而与人的交往就会变得更轻松、更愉快。**

在讲述具体方法之前，我想先从一位女性临床心理治疗师的故事说起。

她带着烦恼来到了我的心理咨询室。她的烦恼是当她的男友稍微试图与她保持一点距离时，她便会感到强烈的焦虑不安，她觉得生活变得很痛苦，只会整日哭泣，非常沮丧。有时她还会突然变得惊惧不已。另外，她晚上失眠，白天工作压力也突然增大。在我这里接受了两次心理治疗后，她写下了自己的感想。经她本人同意后，我将其中的部分内容摘抄如下。

通过两次心理咨询，我明白了"必须先要珍爱自己"。在此前的人生中，我一直认为"我幸福与否并不重要，别人幸福就好"。但这种想法并不能让我很好地照顾别人。道理很简单，如果你不珍爱自己，就无法珍惜别人。要想信任别人，你必须先信任自己。安全感不是别人给你的，而是来自你的自我信任。相信自己被人珍惜着，并为此而感到安心。这样一来，对他人的愤怒、对背叛的恐惧就会消退，孤独感和焦虑感也会得到缓解。

慢慢地，即使男友有一段时间不联系我，我也不会感到非常害怕。多年来一直深深困扰着我的失眠、惊惧和抑郁状态也有了明显的改善，我可以非常轻松地入眠了。

这一切都是因为我对自己产生了信任感，我能感受到"我爱这样的自己""我相信自己"，这些领悟是治愈我的最佳良药。

这位女士从她的经历中学到了很多东西。首先，珍爱自己是最重要的。如果你不珍爱自己，就无法珍惜别人。其次，要想相信别人，你必须先相信自己。安全感来自自我信任。尽管要做到这些并不容易，不过随着被伤害的感情逐渐被治愈，自我信任感就能提高，社交焦虑也会减少。

这一章会告诉你如何做自我的情绪疗愈，帮助你踏上自我疗愈和成长的道路。

内在小孩疗法 1：放松并感受自己的身体

* * *

珍爱自己、相信自己，我们要做的第一件事就是放松身体。具体做法如下：深呼一口气，接着深吸一口气，同样的动作重复数次。然后屏住呼吸，全身用力，感受身体的紧绷感。接下来，一下子将气呼出去，同时放松身体。重复这套动作，直至身体达到放松状态。

当精神舒缓、身体放松时，我们会更容易感知自己的身体。首先让我们感受一下自己的呼吸吧。用嘴唇或鼻腔（鼻孔）感受呼吸时的气息。在吸气时，你应该能感到一丝凉意，而在呼气时，你应该能感到一些温热。

然后，随着呼吸的节奏，感受一下胸腹的起伏变化。吸入体内的气息去了哪里？到胸口了吗？到下腹部了吗？呼出的气息是从哪里出来的？它是从胸部开始发出，经过喉咙，然后从嘴巴或鼻子里出来的吗？还是从腹部出来的？

慢慢地可以感受到呼吸后，就闭上眼睛，感受一下自己的身体吧。这种感觉就好像是在仔细观察自己的身体。例如，你能感觉到椅子对臀部的支撑力吗？是否感到身体的某个部位很紧张？是否感到胸闷或呼吸困难？手和手指有没有刺痛感？闭着的眼睛有没有感到疲倦？有没有哪里感到疼痛？什么样的感觉都可以，尝试感受自己的身体吧。这是将注意力转移到自己身上的重要的第一步。把对别人的关注、对外部的关注（例如"那个人是怎么看我的""这个人怎样怎样"等）转移到自己身上。

◎ 关注自己的内心

将注意力转向自己的身体，仔细感受自己的身体之后，下一步我们要将注意力转向内心。你现在心情怎样？是悲伤、平静，还是内心有点焦虑和不安？或是有点高兴？你可能会想起某些事情，也可能在心头浮现出一些话或想法。

此时，重要的是专心感受你的内心世界，无须去判断心里的事物是好是坏，只要意识到它在那里就行了。你也不用去想为什么会有这种感觉，无须探寻和分析原因。我们只需感受它，不必费力寻找任何东西。如果你什么都没想到，那这就是你现在的内心。这样也挺好的。什么都没有想到，这是什么感觉？是眼前一片空白吗？还是一动不动，感觉一切都停止了？你有没有感觉像百叶窗一下子放下来一样，你什么都感觉不到，什么也看不到？让我们仔细感受一下自己的内心世界吧。

专心感受身体和内心非常重要。我们平时应该多做这样的练习。这是重视自己、珍爱自己的重要的第一步。

◎ 情绪为了被感知而存在

我们有一些根深蒂固的想法，例如"不要去感知自己的情绪""感知情绪是一件很可怕的事情"。于是，我们选择扼杀和忽视自己的情绪，然而这样便无法真切地感受它们了。结果，纠缠不休的情绪就给我们带来了苦闷。

与愤怒、仇恨、嫉妒、抑郁等负面情绪相比，拒绝感知情绪的想法常常会给我们带来更强烈的痛苦。我们越抗拒自己的情绪，承受的痛苦就越多。例如，我讨厌嫉妒和愤怒，讨厌去感受它们，所以当嫉妒和愤怒涌来时，我因为有了不好的情绪而感到痛苦。之所以痛苦，是因为我在责备自己感受了不应该感受的情绪。

要求自己"不能成为弱者"的人，一旦感受到自己的弱点后，就会产生愤怒的情绪，并强迫自己压抑这种感受。这种情况在男性中尤为常见，有些男性会虐待自己的妻子或恋人。当妻子或恋人的言行让他感到自己的脆弱时，比如让他感到自己没有价值，或担心被抛弃而不安，这时候他便不允许自己感受到这种情绪，而会代之以暴怒。

还有的人会压抑或冻结自己的所有情绪，试图通过这种方式不去感知情绪。这样一来，他的人生中便没有了感动和喜悦，生活也变得暗淡无光。情绪是用来被感知的，否定自己的情绪会导致心理扭曲、精神痛苦。当然，重视自己的情绪并不意味着你会被愤怒控制，也不是指训斥他人、无视他人、对人暴力相向或口出恶言。重视自己的情绪是认可每一种情绪都很重要，同时我们也要认真地感受它。这样做对于心灵的自我疗愈来说意义重大。

◎ 满足自己的欲望

自己现在有怎样的感受呢？你只要稍微关注一下自己的内心，就能意识到自己真实的欲望。请不要忽视它，也不要判断它是好是坏，你要做的就是去实现它。比如在寒冷的冬天你突然想吃香草冰激凌，那就去买来吃吧。

这是笔者在美国做心理咨询师时发生的事情。有一天，我突然感到内心很疲惫，有了去海边的冲动。但是当时住的地方距离海边很远，大概需要两个小时的车程。考虑到"没有人同行，去海边没什么特别的事情，也没什么可做的"，于是一直未能成行。在忽视这种欲望大约半年后，有一天终于独自去了海边，什么都没做，只是躺在空旷的沙滩上，或光脚坐着，就这样在海边待了大概 5 个小时。笔者非常享受那段时光，后悔自己没有早点去。

那段经历告诉我们，一定要重视我们内心和身体的欲望。**不要觉得你的感受微不足道而忽视它，也不要做是好是坏的判断，你要做的就是满足它。**实际上，笔者就是这样做的：推掉了忙碌的咨询工作，一整天都在写作。

有时，笔者用一整天的时间来写作，但是却突然感到内心很疲惫，于是仔细地感受了自己的内心，询问自己真正想做什么。笔者感受到了自己内心的想法：去野外感受大自然的气息，闻一闻它的气味、看看绿叶、听听鸟语风声，在郁郁葱葱的青山中放松身心。在放松冥想的时候，笔者突然萌发了去须磨区的森林的念头。

笔者赤脚坐在须磨森林中的一座小丘上俯瞰大海，看累了就躺一会儿。不知为何突然感到有些难过。仰面躺在草地上，凝望蓝天，仔细感受内心的伤感，慢慢地悲伤一点点褪去，笔者开始有了写作的欲望，于是穿越森林返回住处。这时笔者突然有了一个想法：可以在书中增加一个章节，内容就是关注内心和身体感受，珍爱自己。于是笔者来到海边的一家咖啡馆，写下了现在的这一章。

如果无视自己的欲望，以没有时间为由，按原计划整个上午都在写作，恐怕很难继续写下去，自然也不会写出这一章的内容。所以这部分文字会有一种强忍身心痛苦，强迫自己去坚持的感觉。这种感觉可能已经传递给作为读者的你了。

内在小孩疗法 2：治愈藏在我们内心的受伤的孩子

* * *

我们在人际关系中感受到愤怒、伤心、焦虑、悲伤、内疚、无助等痛苦情绪时，实际上此时感受这些情绪的不是长大后理性的自己，而是藏在我们内心深处的受伤的孩子。那个孩子迫切需要被关爱、被认可和被关怀。小时候我们没有得到足够的关爱和认可，于是在长大后遇到一些事情时，曾经的创伤就会复发，让人隐隐作痛。所以我们要好好抚慰那个孩子，用温柔的语言表达我们的善意。具体做法如下。

找个时间独处。闭上眼睛，深呼吸，放松身体，让心平静下来。仔细感受内心的痛苦情绪。一定要有耐心，仔细感受。不要尝试去分析为什么要这样做，以及应该怎样做。你只要沉浸在痛苦的情绪中即可。

接下来，请仔细感受一下自己的内心，那里是否藏着一个伤心的、幼小的你？你可能利用心灵之眼发现了一个充满悲伤、愤怒、孤独情绪的幼小的你。当你脑海里浮现出孩子的画面后，请温柔地仔细观察那个孩子。如果你不是依靠想象，而是真切地感受到那个孩子，那就好好地感受他。例如他大概几岁？是什么样的表情？是在抽泣，还是在号啕大哭？他在生气吗？他看起来孤独吗？还是面无表情？

然后你要试着仔细感受那个孩子的情绪。他伤心吗？害怕吗？生气吗？充满仇恨吗？嫉妒吗？是否充满了自我厌恶和内疚感？或是没有任何情绪？

首先，你要温柔地和他打招呼："你好！原来你在这里啊。"然后，你要感受他是否有回应。你一定要温柔地对待他，不论他说什么或保持沉默，都要温柔相待。如果你感受到那个孩子在告诉你一些事情，不要进行评判，试着接受他。那个孩子一定正在感受某种痛苦的情绪。不论是什么样的情绪，你一定要接受它，并用语言告诉那个孩子你理解他。

"真让人生气呀。"

"很孤独的吧。"

"真令人悲伤啊。"

"你很难受吧。"

"认为自己是个坏孩子，你真的很伤心啊。"

"你真的忍受太多了。"

如果孩子因为被大人背叛而感到伤心，那么他可能不会信任你，什么都不会说。这时你要接受并尊重他的感受。因为那个孩子真的很期待你能理解他、接受他、关心他。你要一边体会他的感受，一边温柔地与他交流。

"你不相信我吗？我猜肯定有人背叛过你。"

"你是不想再受到伤害了吗？我明白了，看来你被伤得很深。"

你要温柔地和他相处。当孩子似乎能接受你的善意时，你要给他一些安慰的话语，比如表示感谢和鼓励的话。

"你真的很棒！"

"好了，没事了！"

"我好喜欢你！"

有时你内心中那个伤心的孩子会责备自己。"当时我对爸爸说了过分的话""我打了弟弟""我考得不好，让妈妈失望了"等。住在你内心的孩子可能一直以来都在责备自己。这时你应该对他说"原来你一直在责备自己，你已经责备自己很多次了，已经够了"，让他从自责中解脱出来。

如果你可以用语言以外的形式表达对孩子的爱，就请在意念中付诸行动。作为大人，你可以给孩子一个温暖的拥抱，给孩子吃他喜欢的东西，和孩子在球场上或公园里玩耍等。除了你，其他人也能给孩子关爱。这些人包括慈祥的祖父母、宽容的父母、温柔的老师、可爱的动物等。到时候，你要在意念中请他们帮忙抚慰孩子、满足孩子。比如几句温暖的话、一个拥抱、一个珍贵的礼物等。

你可能还会通过身体感受到"内心的那个受伤的孩子"，你会感觉孩子藏在你的胸口、肚子里。你要轻轻抚摸那里，给孩子很多他需要的东西，直到他感到满足和安心。

最后，请在意念中给那个孩子找一个温暖的地方。例如，用柔

软的羽毛制成的摇篮、铺着温暖被子和毛毯的小床、一个安全舒
适的房间等。你要轻轻地把孩子放在那里，让那里充满温暖的爱。

◎ 慢慢地、仔细地、耐心地去感受

要治愈那个伤心的孩子，你一定要温柔地对待他。不要
责骂他、强迫他、催促他。你还要确保有与那个孩子对话的时
间，一定要留出充分的时间做这项工作，慢慢地与他交流。创
造一个能平静地与孩子互动的环境，而不仅是表面上用温柔的
话语，而是真诚地倾听孩子的想法，感受孩子的情绪。

这项工作做得越多，你的心情就会越轻松。如果一开始
你没有感觉到任何变化，那么就请慢慢地、仔细地、耐心地去
感受藏在你内心的孩子，倾听他、治愈他。

如果有人愿意倾听你的话，而不是去评判你或驳斥你，
那么你可以和他聊聊你和那个孩子对话时的感受和心得。

因为上司的话而失眠的人

秀子是一名上班族。有一次她的工作报告被严厉的上司
驳回了。她当时并没有太大的反应，但是晚上回到家后，当她
一个人独处的时候，就会莫名地感到气愤。她躺在床上，告诉
自己"生气也没用，明天还要早起，不要再想了"。可是她怎
么也睡不着，内心全是愤怒。

这时，秀子突然想到，在意念中寻找痛苦的根源可以治愈内心的创伤。于是她试着感受藏在她内心的孩子。她从床上坐起，把手放在了胸口，深呼吸，然后，她真的感受到了内心的那个孩子。虽然看不清楚她的脸，但是仔细观察可以发现，那个孩子大概是小学一二年级的样子，她看起来很伤心。秀子感到心口附近有些刺痛，她感觉那个孩子正藏在心口附近不停地抽泣。

秀子轻轻地抚摸心口，温柔地对孩子说："晚上好，你很伤心啊！""大人不认可你，是吗？所以你很受伤。""你已经那么努力了，真让人难过。""你受委屈了。"

那个孩子的悲伤和委屈似乎也传递给了秀子，她的眼里噙满了泪水。孩子一直在抽泣。秀子温柔地注视着她，感觉到她终于不再哭了。

秀子在意念中用满满的爱包围着这个孩子。她想象出一个铺满了羽毛的摇篮，把孩子轻轻地放了进去。摇篮中充满了爱。她决定"从现在开始，一定要让这个孩子幸福地躺在这个铺满爱的摇篮里，治愈她的创伤"。接着她深呼吸之后，躺在床上，很快便进入了睡眠。

将心理疗法融入日常生活

* * *

内在小孩疗法是一种有效的疗法，它有两大要点：一个是重视所有情绪，不去评判它们；另一个是去发现你小时候形成的信念。接下来我会告诉你如何在日常生活中使用这种疗法。

我们的脑海中每天都会涌现出各种情绪和想法。它们没有对错之分。你越是否定自己的真实感受和想法，你的内心就会越扭曲和痛苦。无论出现什么样的情绪和想法，如果你去感受它们，而不是判断它们、否认或压抑它们，你就能更自在地生活，活出真实的自我。但是完美做到这一点是非常困难的，我们可以把它当作目标，一点点地不断进步。

关于第二个要点，第二章中说过，"我们的一些想法会限制自己发挥潜能，给自己带来精神负担，这些想法多源于我们孩童时期的痛苦经历。时过境迁，这种想法已经与现在的情况格格不入了"。

我们在孩童时期经历了让我们感到恐惧、孤独、悲伤或愤怒等痛苦的事情时，会下意识地想办法让自己不再经历这样的痛苦。例如，你可能因为考试成绩不佳而被父母责骂，令父母感到失望。又或者，当兄弟姐妹的考试成绩好，得到的表扬比你多时，你可能会感到自卑或内疚，你会害怕失去父母的爱。那次的经历让你下定决心，绝对不想再体验相同的情绪，于是你决定"从现在开始，必须要考出好成绩""什么事情都必须做到完美，一定要取得好的结果"。

再比如，你可能有被生命中重要的人拒绝过的痛苦经历。那个时候你会认为"无论是谁，到头来都会拒绝我，所以从现在开始，我不能对他们敞开心扉，这样我就不会再伤心了""渴求爱的结果，就是被背叛，这种经历太痛苦了。我不值得被爱，所以今后我不再渴求别人爱我"。

同样，如果你表达了自己的真实感受，却被父母拒绝，你可能会暗下决心，"我一表达自己的真实想法就会被拒绝，所以从现在开始，我必须隐藏自己的真实感受"。我们相信这种无意识间形成的信念是绝对的事实。然而实际上，这些我们小时候形成的信念现在已经过时了，已经与我们当前的现实格格不入了。

当你认真感受内心的痛苦情绪，并意识到藏在你内心的孩子非常痛苦时，你可以充满爱意地对他说："那件令人悲伤的事已经结束了。你已经很努力了！现在跟以前已经不一样了。"

本章的主要内容是让你可以自己使用内在小孩疗法。当你感受到痛苦的情绪时，可以重复使用这一疗法。

在反复耐心地治疗之后，你的心情会逐渐平复，心灵得到了治愈和满足，你的人际关系也将随之变得更加轻松和丰富。

下一章将介绍一种完全不同的方法，帮助你缓解人际关系带来的痛苦。如果说本章所述的疗法是情绪疗法，那么下一章所述的疗法则是智慧疗法。

第五章

共情疗法 5：
使用德马蒂尼方法
从根本上改变人际
关系

接受新的
价值观和世界观。

乐观的心灵引导

* * *

许多心灵导师总会教给我们很多心灵鸡汤，例如"做你自己就好""一切都是完美的"等。尤其在"精神世界"❶系列书籍中包含了很多这样的内容。

美国人尼尔·唐纳德·沃尔什（Neale Donald Walsch）写下了《与神对话》（*Conversations with God*）一书，这本书 1995 年在美国出版后一度成为畅销书，并被翻译成 40 多种文字，传播到了多个国家，深受读者喜爱。这本书通篇皆是"万物都是完美的，我们在最大的悲剧中看到了人生的荣光""你生活中所有事情的发生都是完美的，它们的发生都是为了你，以及所有与你相关的灵魂，为了让你以你需要或者想要的方式得到成长""你遇到的每个人、你去的每个地方、身边发生的每件事都是由完美的造物主创造出来的。这个完美的造物主就在你身上，由你进行创造，他就是你"。

---

❶ 日本社会中的一种亚文化，强调宇宙与自我的关系，以及个人的无限潜能，旨在提高个人的精神性。——译者注

为什么心灵引导不起作用

* * *

很多人对父母、过去的恋人、朋友和熟人隐藏着深深的愤怒，他们经常使用"爱很重要"之类的精神引导来压抑自己的愤怒，强迫自己伪装成"充满爱的人"。他们可能会说"我不讨厌任何人""我不生任何人的气"。实际上他们这样说并非刻意撒谎，而是他们就是这样认为的。

但是他们的真实内心却是在生别人的气，否定自己，他们非常自卑。在第三章中，我举了我曾经的上司的例子。她很自卑，经常把责任推到别人身上，敌视所有人，开会时总是易怒，经常攻击他人，在背后说人坏话。

对于大多数人来说，"做你自己就好""一切都很完美"这样的积极内容能让他们获得暂时的慰藉，但是这不会成为现实。

当你真正理解这种心灵引导在人生中的作用后，你在人际交往时产生的愤怒、创伤、悲哀和内疚都会从根本上消除，你的内心将更加轻松，人生会更有意义。能帮助我们做到这一点的是德马蒂尼方法。

德马蒂尼方法的惊人效果

* * *

德马蒂尼方法是有着"当代哲人"之称的美国人约翰·F.
德马蒂尼（John F. Demartini）❶ 发明的一种心理援助方法。这
种方法有助于人们化解内心的痛苦，解决人际交往中的苦恼。
它有如下具体效果：

● 愤怒、憎恨和心理创伤消失，我们的内心充满了爱和感
恩。从过去的魔咒中解脱出来，我们活得更轻松，更有生气。

● 焦虑不安、自卑、内疚感消失，我们的心情变得更
轻松。

● 受害者意识和无助感消失，我们不再被他人左右。

● 失去亲人的悲痛得到缓解。

除了人际关系方面，德马蒂尼方法还有以下效果：

● 我们变得越来越爱自己。

● 疾病和身体缺陷给我们带来的心理痛苦消失了。

● 我们工作的积极性提高了。

● 过上了自己想要的生活，我们的内心感到充实。

---

❶ 美国学者、人类行为学专家。——编者注

● 我们发挥出了迄今为止没有得到展现的能力和才华。

● 精力充沛而且已经取得成绩的人能够获得更多的成功和幸福，还可以进一步展现自己的实力。

在本章中，我们将首先介绍德马蒂尼方法建立的世界观。在下一章，笔者将指出如何运用这种方法实现自我疗愈。

德马蒂尼方法的世界观 1：世界是平衡的
* * *

德马蒂尼方法主张的世界观之一是"世界是平衡的"，**即所有积极因素中都包含同等数量的消极因素。反之，所有消极因素中也都包含同等数量的积极因素**。但这既非"不幸中的万幸"所表达的"不幸中也有少许幸运的成分"的意思，也非"福祸相依"所表达的意思。

所有事物都包含同等数量的对立面，不论是我们标记为"好"的事物，还是我们标记为"坏"的事物，它们当中都包含同等的对立面。

德马蒂尼方法的世界观2：
宇宙充满了爱的伟大智慧
* * *

我们把安慰我们、鼓励我们、帮助我们的人称作"好人"；把批评我们、否定我们、拒绝帮助我们的人称作"坏人"。但是，这种说法只看到了事物的其中一面。

假设所有人都在称赞我们、帮助我们、温柔地对待我们，时时刻刻都在支持我们，那么我们便永远都长不大，也无法自立。我们会过于在意别人的看法，依赖别人的善意和帮助。相反，如果每个人都否定、批评和打击我们，我们就会崩溃。

要找到对我们来说真正重要的东西，做到自强自立，我们既需要帮助、温暖和支持，也需要相当的挑战、冷酷和考验。这两者总是不偏不倚地帮助着我们成长。**例如，当我们在职场中受到别人的严厉责难或轻视时，那一瞬间肯定也有某个人或某些人给予了我们同等数量的关心、保护和尊重。**他们可能是我们的同事，也可能是我们的朋友或家人。有时，批评我们的那个人同时也在肯定我们。

之所以"帮助、温暖和支持"与"挑战、冷酷和考验"总是处于同等水平，是因为只有在这种平衡的状态下，我们才能获得最大的成长。当你意识到这种绝妙的平衡时，便会不由自主地对背后的伟大智慧感到敬畏。

很多人把"爱"误认为是"帮助、温暖和支持"，并对其产生依赖。这样一来，你会愈发不明白爱为何物。其实，爱是"帮助、温暖、支持"与"挑战、冷酷、考验"的结合体。

德马蒂尼方法的世界观 3：
能量不增不减，它以不同的形式存在

* * *

我们有了恋人后，往往会不自觉地疏远朋友和家人。当我们被某个人拒绝或疏远时，又会与其他人成为好朋友。其中的原因在于"亲密"这一特质不会在你的生活中消失或减少，它会以另一种形式持续存在。换句话说，当你与恋人亲密程度增加时，那么你与朋友、家人之间的亲密程度就会出现同等程度的减少。

同样，当我们失去重要的人时，他们带给我们的积极特质会改由他人提供。当你读完下一章后，就会相信这是正确的。

假设有一位女人的丈夫去世了，她非常悲痛，因为她觉得自己失去了从丈夫那里得到的五个特质，分别是"笑容""早安问候""聊电视节目和美食""一起逛街购物""关注自己的身体健康"。但实际上，丈夫离世后，她失去的笑容会从他人那里获得等量的补充。比如自己的兄弟姐妹和孩子、附近的邻居，甚至电视剧里的演员等。失去的其他特质也是如此。丈夫去世后，会有其他人（一个人或多个人）跟她说"早上好"。以前有丈夫跟她闲聊电视节目和美食，而现在有别人跟她聊这些。失去丈夫后，也会有其他人陪她逛街购物，以及也有人和她丈夫一样关心她的身体健康。

因失去丈夫而悲痛万分的女人没有注意到这个事实，所以她被一种失落感和孤独感淹没。但是当她意识到自己失去的所有积极特质并没有消失，而是由其他人等量地提供给她时，她痛苦的情绪就会得到极大改善。而且对于这位女性来说，现在身边人给予她积极特质的形式，比以前丈夫给她的形式更适合现在的她。当女人发现这个事实时，就会为她与丈夫共同走过一段人生路而心存感恩，并感激丈夫在去世之后留给她的珍贵礼物。于是，她的失落感消失了，内心充满了对丈夫无条件的爱。

你或许会觉得不可思议，但这就是人生的伟大智慧，它不仅是一种心理学知识，更是生活中的真理。读完下一章，按照我的指导实践完之后，你将明白我说的话。如果你没有去做，只是用大脑空想，便体会不到它的真实性。所以请务必付诸实践。

第六章

共情疗法6：
逐个打开你的心结

如何使用
德马蒂尼方法 1。

不再止步不前

*　*　*

我们经常抱怨别人，批评别人。"都怪某某""是某某的错"，这种批评、否定别人的想法会让你被那个人左右，自己会变得无助。德马蒂尼方法的目的是帮助我们放弃牺牲者和受害者的自我认知，重新获得力量，保持自我，更加充实和快乐地生活下去。

当你利用德马蒂尼方法完成自我疗愈时，你认为的"自己是正确的，对方是错误的"的信念就会崩塌。即使对方有错也没关系，你要做的是下定决心，从根本上消除对他的愤怒、怨恨、悲伤、蔑视、恐惧等负面情绪，展现真实的自我，让自己的人生更充实、更快乐。

你能下定决心吗？如果你毫不犹豫地回答"是"，那就说明你已经做好了改变人生的心理准备。德马蒂尼方法是一种高效的自我疗愈方法，下面我将告诉你应该怎样做。

◎　只有自己去发现才能明白

以笔者自己的经历为例。

直到小学三年级笔者都怕水，不会也不敢游泳。大人说：

"人可以漂浮在水面上，谁都能学会游泳。"但笔者并不相信他们的话，因为在浴缸里试过好几次，知道并不是那样的。身体在水中短暂漂浮后，很快就开始下沉。通过反复实验，笔者越来越确信自己浮不起来。

但是当我有一年暑假去小岛上找表哥玩时，这个想法被打破了。那年夏天，我和擅长游泳的表兄弟们从门前的沙滩上下海玩。当我学着表哥在浅水里露出脑袋，像青蛙一样摆动手脚后，我发现自己竟然从水中浮了起来，而且还能向前游！在海水中游泳的确很简单，有了这次经历之后，我在普通泳池里也能蛙泳了。

尽管我很害怕，但我还是下定决心尝试下海游泳，最终我成功了。当发现自己能浮在水面上时，我以前那种"我在水中漂不起来"的想法就彻底发生了改变。

当有人对你说"爱就是一切""一切都很完美""你值得被爱""你就是爱"时，你无论如何也很难相信这些。就像我固执地认为自己在水中漂不起来一样，你能找到很多反论去推翻它。即使你试着真诚地相信它，但它只是停留在认知层面，无法改变你的人生，你认为它只是一种积极的思维。

只有你通过亲身实践去发现，才能知道伟大的智慧对于你的人生来说真实且不虚，就像笔者通过实践发现自己能浮在水面上一样。那时，你的人生观就会发生改变，你的感受方式、行为方式以及人际关系也会随之发生改变。

只需回答 4 个问题就能产生极佳效果

* * *

使用德马蒂尼方法的专业人士被称为"引导师"。在一对一的谈话中，引导师会询问来访者 14 个问题。在回答这些问题的过程中，来访者将发现他们从未发现过的真相。

当心理咨询结束后，来访者会对一直以来让自己产生负面情绪的对象（他人或自己）心存爱和感激。曾经的心理创伤和痛苦也能从根本上得以消除。

本章将从这 14 个问题中选取 4 个问题与你共同学习。之所以选择 4 个问题，是因为首先一个人很难完成所有的 14 个问题。其次，只要你完成了本章所述的 4 个问题，那么你的痛苦和伤心就会得到很大程度的缓解，甚至消失。

下面请跟我一起开启德马蒂尼方法的实践之旅吧。

◎ 确定对象者

首先，请确定德马蒂尼方法的实践对象。选择一个令你感到愤怒、怨恨、悲伤、蔑视或恐惧的人，我们把他们称为"对象者"。如果你想用德马蒂尼方法化解的痛苦情绪来自负罪感（例如，自己对别人做了不好的事情）、自卑感或者自我否定（例如，无法原谅自己做过某事、无法原谅自己不能做某事），你感受到了你对自己的负面情绪，那么对象者就是你自己。我将在本章后半部分告诉你如何应对这种情况。

◎ **确定对象者的行为**

简短且具体地写出对象者的什么行为让你最强烈地感受到了负面情绪。其中包括"对谁"以及"具体做过什么行动"（或者没有做出什么行动）。如果对象者做过很多让你产生负面情绪的行为，那你就按照强弱顺序一一写出来。如果他只做过一件让你产生负面情绪的行为，那你就只写那一件。

◎ **怎样正确描述对象者的行为**

以下是正确描述对象者某些负面行为的范例。

"他责骂我了。"

"他否定了我的意见。"

"他动手打了妈妈。"

"他动手打了妹妹。"

"他强迫我做不想做的事。"

"他和我的朋友说我的坏话。"

"他不理我。"

"他动手打我（给我带来身体上的痛苦）。"

"班主任训斥我，他却没有站在我这边。"

"他说我在撒谎。"

"他没有过来帮我。"

"他没有听我解释。"

"他对着妈妈大喊大叫。"

◎ 错误案例

以下的案例存在错误，因为没有清楚地写出对象者对谁、做的什么行为让你产生负面情绪。如果你写下的内容也具备这些特征，那么就需要写得再具体些。

1. 对对象者行为的自我解读

"他不爱我。"

"他不关心我。"

"他背叛了我。"

"他否定我的存在。"

这些都是你自己对对象者行为的解读，你并没有客观地写出实践对象的具体行为。当对象者做了某事（或没做某事）时，你将他的行为解读为"不爱我（或不关心我）""背叛了我""否定我的存在"。

请好好想一下，对象者的哪些行为以及为什么这些行为会让你做出上述解读。然后简短地描述对方的具体行动。

2. 对性格的误解

"他不替别人着想。"

"他以自我为中心。"

"他只考虑自己。"

"他生性冷淡。"

"他脾气不好。"

"他不是一个好人。"

人们总是认为自己是因为别人的性格而愤怒或伤心，其实事实并非如此。**我们感到愤怒，并不是因为对方的性格，而是因为对方的某些具体行为。**如果你认为这个人"不替别人着想"或"以自我为中心"，那么就简要地描述一下对方具体做过（或没做过）什么事情让你得出了这样的结论。

3. 强调你或其他人的感受

"很可怕。"

"让我很生气。"

"伤害了我。"

"让我难堪。"

"伤害了我的妈妈。"

"让我的爸爸很伤心。"

我们在德马蒂尼方法的指导下进行自我疗愈，需要了解的不是你或他人的感受，而是导致这种感受的具体行动。上文的案例描述的是你（或父母）因为对象者的某些具体行为而产生的恐惧、愤怒、伤心、难过的情绪。那么，实践对象具体做了什么让你（或你的父母）感到恐惧、愤怒、伤心或难过呢？请把他的具体行为简单写出来。

4. 道听途说的事情

例如"妈妈说爸爸以前经常动手打她、踢她，所以我憎恨爸爸"。在这里，我们要写的不是道听途说的事情，而是你亲身经历过的、对象者做过的事情。假设你的父亲在你记事前就和母亲离婚了，没给你留下太深的印象。那么，你在记录的时候不能写从母亲那里听来的关于你父亲的坏话，而一定要选择自己亲眼看到的或亲身经历过的事情。

仍然假设在你记事前你的父母就离婚了，父亲离开了家，没给你留下太深的记忆。但如果你因为"小学低年级的那个冬夜，妈妈因生活艰辛而哭泣，爸爸却没有给她任何安慰"而产生了负面情绪，那么在这种情况下对象者的具体行为就是"小学低年级的那个冬夜，爸爸没有安慰妈妈"。

5. 选择一个最关键的行为

我们需要选择一个最让你产生负面情绪的行为，但有时你会发现该行为中包含多个子行为。**例如，妈妈总是不停地抱怨，听不进我的话。那么"向我抱怨"和"听不进我的话"究竟哪个更令你厌烦呢？我们一定要找到重点。**

"他大声斥责我，瞪我，打我耳光"。该行为中包含三个子行为，分别是"大声斥责我""瞪我""打我耳光"，我们要找到这三个行为中最令你无法忍受的。

【强奸等性虐待场合】

确定该行为中的哪一个子行为最令你难以忍受。

例如：

"强迫我做我不想做的事情。"

"利用我满足自己的欲望。"

"侵入我的身体。"

"造成我身体上的痛苦。"

你要找到那个最让你感到憎恶的行为。

【酗酒等场合】

如果对象者有酗酒或药物依赖的问题，而这些都令你感到极其厌恶，那么请你写出他们令你感到厌恶的具体行为。以下是比较常见的案例。

"突然莫名其妙地大发雷霆。"

"因为一些生活琐事，对我、妈妈和妹妹破口大骂。"

"打了我一巴掌。"

"拿东西打妈妈。"

"骂我。"

"对我大发雷霆。"

"用可怕的眼神瞪我。"

"无法理性控制自己的欲望。"

【出轨等场合】

在出轨行为中找到最令你讨厌的子行为。如果讨厌"他与别人关系亲密"，那么就需要明确他的一系列行为中的哪一项最让你讨厌。例如"对别人好（关心别人）""把时间都用来陪别人了""在别人身上花钱""隐瞒对我来说很重要的事情""对我撒谎"等。

要简短写明所有行为中最恶劣的那一个。举个例子，以下是曾经做心理咨询的 A 先生的治疗过程。

A先生："我生妈妈的气，她做过最让我恼火的事就是在我5岁的时候，把我关进了衣柜里。"

咨询师："为什么你讨厌妈妈把你关进衣柜里呢？有些孩子反而喜欢躲在衣柜里涂鸦。"

A先生："我当时大喊着恳求她把我放出来，可她并没有理我。"

咨询师："如果你恳求妈妈把你放出来，她真的打开柜门把你放了出来，那么你还会记恨她吗？"

A先生："不会，如果她立即把我放出来的话，我不会记恨她。"

咨询师："所以你最讨厌的不是被关进了衣柜，而是妈妈没有理会你的恳求，没有把你放出来，对吗？"

A先生："嗯，是的，没错！"

在这个例子中，很明显对A先生来说他妈妈最恶劣的行为不是"把他关在衣柜里"，而是"没有理会他的恳求"。我们可以模仿这个例子，在对象者的众多行为中找到你最难以忍受的那一个。

怎样利用负面情绪找到让你感受最强烈的行为

* * *

如果你对一个人深恶痛绝，那么你要从他做过的事情中找到那个最让你忍受不了的行为。

当时，那个人正在做那件事，你目睹或者亲身经历了整个过程。现在你要在内心中走进那个场景。如果走进那个场景会让你过于痛苦，那就不要一个人做这件事，你可以寻求专业心理导师的帮助。

例如，你讨厌的事情是在小学低年级某个冬天的早晨，在客厅，妈妈怒气冲冲地看着你，还打了你耳光。那么，请在内心走进妈妈打你的那个场景。在内心重现的场景中，你回到了小学低年级，回到了客厅。请记住，不是回忆，而是进入那个场景。

现在，请用你内心的眼睛凝视打骂你的妈妈，用内心的耳朵倾听她生气时发出的怒吼，切身感受那时的紧张气氛和你当时的情绪。在这种状态下，你要弄清楚自己最讨厌妈妈的哪种行为。大声骂你？打你耳光？或是其他？

如果你无法原谅自己的恋人出轨，那么你就要在内心走进你得知他出轨时的那个场景。不是他出轨时的场景，而是你得知他出轨事实时的场景。现在用你内心的眼睛去看一下当时你看到的情景，用你内心的耳朵去倾听你当时听到的声音，用你的感官去感受一下当时的气氛和情绪。然后弄清楚你最讨厌对方的哪种行为。

例如：

"他对别人太好了。"

"他将时间用来陪伴别人了。"

"他把钱花在了别人身上。"

"他隐瞒了一些对我来说很重要的事情。"

"他欺骗了我。"

我们可以参考上文，从对象者的各种行为中找到那个带给你最强烈负面情绪的行为，并且简明扼要地记录下来。

◎ **如果对象者是自己**

如果你想化解的痛苦情绪是内疚、自卑或自我否定，那说明你对自己产生了负面情绪，这时你的对象者就是你自己。这种情况下你的做法和前文一样，简明扼要地写出因为自己具体做过什么（或没做过什么、没能做什么），所以才产生了强烈的罪恶感、自卑感或自我否定感。

◎　**正确案例**

"昨天早上 7 点半左右，我在家门口打了女儿。"

"初三的时候，在 2 月份的某天下午 3 点左右，我一直在房间里看漫画，没有学习。"

"小学六年级的时候，我在学校厕所，对 ×× 说：'你长得真难看'。"

"19 岁那年，我没考上心仪的大学。"

"高二那年的 12 月的某个晚上，我从父母的钱包里偷了钱。"

"25 岁时的某天晚上 7 点左右，我在客厅里对爸爸说：'你没资格当我的爸爸'。"

◎　**错误案例**

下文的表述都是你的自我解读，并不是具体行为。这种表述对于问题的解决意义不大。

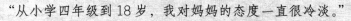

"从小学四年级到 18 岁，我对妈妈的态度一直很冷淡。"

"我没有珍惜跟 ×× 的相处时间。"

"我为丈夫（妻子）做得不够。"

"我伤害了我的儿子。"

"我背叛了我的朋友。"

　　我在前文说过，一定要明确你在"什么时间""什么地点""对谁""做了（或没做）哪些具体的事情"才能解释你的"冷淡""没有好好珍惜""做得不够""伤害""背叛"。关于这一点，我们可以参考上文列举的正确案例。

"我很自私。"

"我真没用。"

"我一文不值。"

"我真软弱。"

"我真笨。"

　　同样，你还是要明确你在"什么时间""什么地点""对谁""做了（或没做）哪些具体的事情"才会让你将其解释为"自私""没用""一文不值""软弱"等。也就是说，最终一定要落实在你的具体行为上。

　　简明扼要地描述对象者在何时、何地、对谁、做了什么（或没做什么、无法做什么），导致你产生了最强烈的负面情绪。这是运用德马蒂尼方法的第一步。

　　做好以上工作，准备部分就算完成了。下一章我们将学习如何治疗心理创伤，从根本上改善人际关系。

第七章

共情疗法 7：
建立具有自己风格的
人际关系

如何使用
德马蒂尼方法 2。

让人际关系更轻松

*　　*　　*

在上一章中，我们为运用德马蒂尼方法做好了准备工作。在本章中，我们将一起学习如何从根本上解决人际关系中的苦恼，消除伤害。

首先来看三个案例。

（1）那是广幸在小学低年级时发生的事情。春天的一个晚上，妈妈打了他。那件事至今令他耿耿于怀。对他来说，对象者是他的母亲，最让他感到难以忍受的行为就是打他。

（2）明美在初中时，被亲戚家的一个叔叔猥亵过。一想到这件事，她就会呼吸困难，心情变得很糟糕。对她来说，对象者就是猥亵她的叔叔，最让她深恶痛绝的事情就是"为了满足私欲，对我做了令人发指的事"。

（3）伸子的丈夫与一个女网友发生了婚外情，两人因为这件事离婚了。对伸子来说，对象者是她的丈夫，最让她感到难以忍受的行为是"丈夫与别人发生了关系"。

◎ 第1问：你在什么时间对谁做过类似的事情

接下来，我会告诉你大多数人不知道的智慧。

你因为某个人的恶劣行为对他产生了愤怒、伤心、蔑视、悲伤、恐惧等负面情绪，但是其实你自己也做过类似或相同的事情。你对自己的这种行为有潜在的负罪感，所以否认自己做过这种事。

如果你不明白我说的话也没关系，让我们继续往下看。

举个例子，当我们因为某个人的某种行为受到伤害时，我们的内心会隐藏着傲慢和轻蔑，会认为"我永远不会像他那样做出那种事。在人品方面，我比他强多了"。

当我们对一个人抱有这样的负面情绪时，我们会产生一种"我和他不一样"的区别意识。同时，我们也会为自己做过同样的事情而感到内疚，无法爱上这样的自己。在傲慢和轻蔑的情绪中，你的内心对自己的爱越来越少，你的痛苦难以从根本上得到解决。

第1问："你在何时、何地、对谁做过一样的事情（与对象者的形式相同或不同）？有没有被人看到或听到？"

请你把自己能想到的行为逐一写下来。

在寻找答案的时候，你首先要写下你在何时、何地、对谁做过与对象者对你做的相同的事情，以及被谁看到或听到过（可能并没有发生过）。接下来，写下你在何时、何地、对谁做了与对象者对你做的行为性质相同，但形式不同的事情，以及被谁看到或听到过。

在记录的时候，你不用写得很规范和完整，可以只用简写来表示。例如"上周二下午 8 点左右，在客厅，对丈夫做的事。知道这件事的人是儿子太郎和我的丈夫"。我们可以将"星期二"记作"二"，"8 点"记作"8"，"丈夫"记作"夫"，"太郎"记作"太"。这样一来，我们在记录纸上只需写下"二8 夫太我"。不用保存你写下的东西，因为没有重新看的必要，即使看了也不会提高治疗效果，所以只要记录就够了。在纸上写下"二 8 夫太我"的行为本身才重要，因为这意味着你的意识发生了变化。我们在回答第 1 ~ 4 问的时候，都可以参考这种做法。

怎样找到第 1 问的答案呢？我们仍以前文的三个故事为例。

小学时被妈妈打骂过的广幸需要记录从出生起到现在，他在何时、何地、打过谁、欺负过谁，以及被谁看到或听到过。他要把这些全部写出来（可能并没有发生过）。接下来，广幸要写下在何时、何地、对谁造成了某些形式不同但性质相同的伤害，以及被谁看到或听到过。这些伤害包括了各种形式的痛苦和伤害，例如心理伤害，社会性伤害（如失业、被降职或名誉受损），人际关系上的伤害（如与人交恶、与人疏远），经济上的伤害，精神信仰上的伤害（如否定他人的宗教信仰）等。

受到亲戚家的叔叔猥亵的明美，首先要写下自己在何时、何地、强迫谁进行过性接触，以及被谁看到或听到过（可能并没有发生过）。她要把这些全部写出来。接下来，明美要写下自己从出生到现在，在什么地方、什么时候、对谁、为了满足自己的欲望做了别人不喜欢的事情。例如，我很生某人的气，所以呵斥他、无视他、怒视他、骂他；我喜欢吃点心，于是拿走了弟弟的那份；在初中社团活动中，我试图踢倒对手；不顾妈妈的伤心与挽留，我还是以工作为由离开了家。

丈夫有外遇的伸子需要写下她在何时、何地跟其他异性有出轨行为，这种行为给谁带来了伤害，以及被谁看到或听到过（可能并没有发生过）。她需要把这些全部记录下来。接下来，伸子还要写下她在何时、何地、与别人变得更亲密、给谁带来了伤害，以及被谁看到或听到过。例如，没有给丈夫足够的关心，把自己的感情和精力都倾注在了工作、孩子或者兴趣爱好上。上大学后，慢慢疏远了与妈妈的关系，跟恋人或者朋友变得亲密起来。

像这样，写下自己做过的、与对象者的行为在形式上不同但本质相同的所有行为。当你写下这个问题的答案时，就会发现自己跟对象者一样，也做过那些让人生厌的事情。慢慢地，你对对象者的蔑视会逐渐消失。或许你会觉得自己跟对象者一样可恶，但这时你会发现自己可以接受别人的善意了。

● **确认第 1 问的完成情况：你是否确定你做过和对象者对你做的类似或相同的事情？无论形式是否一样。**

如果你能毫不犹豫地回答"是"，并且写下很多自己的行为，那么第 1 问就完成了。此时，你对对象者所作所为的愤怒就会逐渐消退。我们就可以进入下一环节了。

◎ 第 2 问：如何将糟糕的经历转变为正能量

我们在前一章提到，许多心灵导师会给你乐观的引导，告诉你"一切都很完美""做你自己就好"。例如某本书中曾提到，"生活中发生的一切对你的成长来说都有意义，它会按照你的成长愿望完美地发生""我只给你们派去了天使"或"让我们在最大的悲剧中欣赏人生过程的荣光"。

但大多数人都认为，这个世界上既有施暴者，也有受害者。他们指责施暴者和他们的恶行，为受害者感到难过。他们甚至抱有受害者心态，将自己视为他人恶行的受害者。每个人内心都有"父母做了对不起我的事"或"那时他对我做了过分的事"的想法，但他们同时又知道自己也犯过错，有一种潜在的负罪感。

就这样，人们用自己的正当性标准来衡量和指责他人，同时也暗地里指责自己。他们根本没有意识到，在这么长的时

间里，这种指责在多大程度上阻碍了他们内心的爱、剥夺了他们的自由、给他们带来了沉重的心理负担。

只有从对别人和对自己的谴责中解脱出来，才能感到轻松和自由，才会意识到自己之前的人生过得多么沉重和不自由。当你发现心灵导师的理论不仅仅是一种知识，更是在生活中发挥作用的真理时，这些教诲就会变成智慧，帮助你改变人生。**那时，你将不再有受害者或施暴者意识，会更爱自己和他人，会重新拾起对自己、对他人、对世界的信任，生活得更加充实。**

能帮你做到这一点的正是第 2 问。

我们眼中的好的事物存在着等量的坏的属性，坏的事物中也存在着等量好的属性。但是在现实中我们的认知有偏差，当我们给某件事贴上"好"的标签时，我们往往只看到了它好的一面，而忽视了它坏的一面。同样，当我们给某件事贴上"坏"的标签时，我们往往不愿看到它好的一面。

在第 2 问中，我们要摆脱偏见，学会从整体上看问题，挖掘事情的真相。

"对象者令人生厌的行为给你带来了怎样的积极影响？"

要回答这个问题，我们要从内心进入当时的行为场景中。不是回忆，也不是在心灵外部去看，而是在内心中进入那个场景。用眼睛看当时你看到的场景，用耳朵听当时你听到的声音，用感官去感受当时你感受到的氛围和气息。然后，你要去寻找"当时那个人做过的事情给你带来了什么样的积极影响"，并将它们逐条记录下来。你的答案不要是"成为反面教材"之类的话，而要列举他的行为给你带来的最直接的积极影响。

对象者的行为尽管给我们带来了巨大的痛苦、伤害和打击，但同时也给我们的人生带来了很大的积极影响。以下是一些比较常见的积极影响的案例。这些案例是否符合你的情况呢？请你参考这些案例给出自己的答案。

（1）变得更加自立自强，个人能力得到提高。

- 摆脱依赖别人的状态，学会了独立。
- 能够独立思考和做决定。
- 变得更加坚强，更能忍受痛苦。
- 以前的胆怯和不自信消失了，能够迅速融入新的工作、学习和人际关系中。
- 发现了自己的潜力和兴趣。

（2）形成了重要的人际关系，与他人的联系变得更加紧密。

- 能够理解别人的痛苦，并能产生共情。
- 为他人服务的意识提高了。
- 被他人善待，得到他人的帮助。
- 与某人的关系变得更亲密了。
- 建立了新的人际关系。
- 明白了谁对自己重要，谁对自己不重要。
- 理解了真正的友情和爱情。

- 为了建立良好的人际关系而去学习。

- 掌握了有效的沟通技巧。

- 将注意力转移到家庭之外的人际关系上，建立了自己的圈子。

- 摆脱了停滞不前的人际关系，建立了新的人际关系。

- 掌握了识人的能力。

- 明白了别人和自己是不同的。

- 比以前更能清楚地界定人际交往的感情界限。

- 能够保护所爱之人免受伤害。

- 与动物之间的关系更密切了。喜欢动物，同时也受到动物的喜欢。

（3）**开始寻找并珍惜真正重要的东西。**

- 开始认真面对自己的人生和生活。

- 开始寻找生命的目的和意义。

- 明白自己真正需要什么。

- 更多地关注对自己来说真正重要的东西。

- 更加在意自己的感受和需求。

- 善待自己。

- 学会了说"不"，学会了表达自己与他人不同的声音。

- 开始重视自己的感受，而不是一味地讨好别人。

（4）**不断成长，变得更成熟。**

- 不再停滞不前，而是努力变成自己想成为的样子，努力过自己想要的生活。

- 学会了谦虚。

- 愿意倾听别人的意见。

- 能够挑战困难。

- 会因为别人的批评而努力提高自己。

- 能够保护自己。

- 敢于反驳他人的错误，认可自己的价值和优势。

- 能够以旁观者的身份观察人和事。

（5）**改变自己的状态和行为方式，努力活出自己想要的样子。**

- 学会示弱，学会依赖别人。

- 能够坚持自己的意见。

- 能够表达自己的想法。

- 想象力和内心世界更丰富。

- 有更多的兴趣爱好。

- 开始学习一些东西，获取有价值的知识和信息。

- 为了实现梦想而提升自己。

以上是对象者令人生厌的行为带给你积极影响的案例。

在寻找积极影响时，首先要寻找对你来说真正重要的积极影响。这种影响可以是育儿方面的，也可以是有关自己内心的学习和成长的，还可以是交友、时尚、运动、美食、投资理财、专业知识或工作能力等方面的。你最看重的事情受到了什么样的积极影响？我们要先从这方面找起，然后再寻找对其他事情的影响。

在寻找积极影响时，我们可以使用"分枝法"，即可以从第一个积极影响中得到第二个积极影响，从第二个积极影响中得到第三个积极影响，像这样不断延伸下去。

例如，初一的时候，同学小 A 在你的社交账号下发表了"去死"的评论。这件事带给你的积极影响是，在此之前你要求自己要交很多朋友，为此一直强迫自己表现得开朗，但自从这件事之后，你不再强迫自己表现得那么开朗。你开始只和不会伤害自己的、和自己兴趣相投的人交朋友。

其实在你的内心深处，并不想把自己伪装成开朗的孩子，但是你担心周围的人认为自己内心阴暗，所以才无奈伪装自己。

利用"分枝法"，我们来看一下这个积极影响的连锁反应。分析之后，我们发现"我逐渐不再伪装成开朗的样子，我开始理解别人的痛苦，所以第二学期在新班级中我与总被人欺负的小 × 成了朋友"。

到这里工作还没有结束，我们还要进一步找出与之相关的积极影响。比如"因为不善于向人示弱，我只好假装开朗，但实际上内心非常孤独。我第一次交到了无话不说的好朋友，那就是小 ×"。再将这一点向外延伸，"我发现向他人示弱和依赖他人也挺好的。这一认知是我一生中的重要财富。"再延伸下去，"在那之后，不论是升学还是找工作，当我感到迷茫和烦恼时，会向朋友和信任的老师倾诉苦恼，寻求他们的帮助。"

像这样，从一个积极影响衍生出其他的积极影响。你要做的就是把它们全部写下来。

接下来我们对前文所述的三个案例进行分析，看看对象者的行为能产生怎样的积极影响。

（1）对小学时被母亲打骂过的广幸而言，他可能受到了以下的积极影响。

● 当时父亲一直护着我，因此我感受到了父爱。

● 因为和父亲关系好，所以我对父亲喜欢的手工产生了兴趣。

● 我开始关注如何使用语言进行有效沟通，我的沟通能力得到了提高。

● 我的抗压能力得到了提高，即使心情低落，也可以很快恢复。

● 在工作中即便有人对我抱怨，我也能泰然处之。

● 因为学会了忍耐，所以即使后来我遭到了校园欺凌、在婚姻中苦苦挣扎、在工作中遭遇挫折，我也都坚持了下来。

● 我开始关注自己内心的感受，逐渐具备了共情能力，变得能够体会他人的痛苦。

● 因为有丰富的共情力，所以我有幸认识了××，并和他成了好朋友。

- 我开始想要帮助那些内心受到伤害的人。

- 当我害怕母亲，躲在角落的时候，我沉浸在自己想象的世界里，这激发了我写小说的才能。

- 因为不喜欢母亲，所以我与爷爷奶奶更加亲近，爷爷奶奶非常疼爱我。

- 因为厌倦了家人，我开始寻求老师和朋友的帮助，认识了很多好朋友和好老师。

- 因为得到了好老师的帮助，所以我的成绩提高了。

- 为了让母亲刮目相看，我潜心学习，这才考上了那所名校。

（2）**对遭受亲戚家的叔叔猥亵的明美而言，她可能受到了以下的积极影响。**

- 我更能分辨出男人的好坏。

- 我的身边更多的是友善的男性。

- 我开始深入思考性的意义和力量。

- 我对人的心理和心理学产生了兴趣。

- 我认识到帮助受伤害的人很有意义。

- 我认识到支持和帮助他人能体现一个人的存在价值。

- 我逐渐能够理解所谓"罪犯"和"施暴者"的感受。

- 我认识到了身体和心灵之间的紧密关系。

- 我能够和××谈论那段痛苦的经历，跟她成了好朋友。

（3）对丈夫有外遇的伸子而言，她可能受到了以下的积极影响。

- 我开始更认真地思考自己的人生。

- 我更加疼爱自己的孩子。

- 父母和兄弟姐妹帮助了我，我们的关系变得更亲近了。

- 我与〇〇和 ×× 成了好朋友。

- 以前依赖丈夫，现在我变得独立了，开始专心工作。

- 我在职场中获得了〇〇和 ×× 的表扬。

- 我在职场中建立了新的人际关系。

- 我更加能体谅他人的感受和需求。

- 我提高了人际交往的能力。

- 我更加关注自己的内心。

请参照上面的三个案例，尽量多地写出对象者的行为对你的积极影响。另外，如果对象者的行为对别人也产生了积极影响，也请一并写出。例如，在你小的时候，父亲打过母亲，你和母亲都很憎恶他的这种行为。那么对你而言，父亲打母亲这件事在过去或现在产生了怎样的积极影响？请全部写出来。

- **确认第 2 问的完成情况：你认为对象者的行为给你（和相关者）带来的积极影响和消极影响一样多吗？**

如果你能够毫不犹豫地自信地回答"是"，那么第 2 问的回答就完成了。

完成了第 1 问和第 2 问之后，你会意识到自己并不是受害者，进而走出对象者给你造成的阴影，唤醒自己本来的力量。

◎ 第3问：你做过与对象者对你做的类似或相同的行为，这给对方带来了怎样的积极影响

我们几乎都认为世界上有施暴者和受害者，我们在暗自认为自己是受害者的同时，也认为自己是施暴者。这种隐藏的罪恶感（自我攻击）导致我们总是针对别人。换句话说，当我们看到别人做了我们曾经做过的坏事时（或类似的），就会责怪那个人（他人攻击）。也就是说，自我攻击和攻击他人是同一枚硬币的正反面。自我攻击性和自我否定性强的人，对他人的隐性攻击性和否定性也很强。对他人攻击性和否定性越强的人，越会深陷自我攻击和自我否定的痛苦。

在第1问中，我们发现自己可能也做过在本质上与对象者对我们做过的相同的事。这时，你会将自己视为施暴者，并且隐藏在内心深处的罪恶感被释放了出来。我们在第3问中要做的就是化解这种罪恶感。

"你对别人做过本质上与对象者对你做的相同的事情，这给对方带来了怎样的积极影响？"

请你将这些影响逐条列出，多多益善。要回答这个问题，就要像第2问一样，在内心进入当时做那些事情时的场景。不要回忆，也不要从内心外部观察，而是从内心深处的某个入口立即进入那个场景。

用内心的眼睛观察当时所见，用内心的耳朵倾听当时所闻，用鼻子感受当时的气息，用肌肤感受当时的空气。

在那个状态下，去寻找那个时候、那个地方，你对那个人的行为给他带来了怎样的积极影响。同第 2 问一样，答案不要写"成为反面教材"之类的话。请逐条写出你做的那件事给他带来的最直接的积极影响。

在第 2 问中，我们列举了他人的行为给自己带来的积极影响。这一点同样适用于第 3 问。请尽量多地写出你的行为给对方带来的积极影响。通常你做过很多与对象者对你做的本质相同的行为，所以对于你做过的每件事都要写出第 3 问的答案。

● 确认第 3 问的完成情况：你认为你的行为给对方带来的积极影响与消极影响是等量的吗？

如果你能毫不犹豫地回答"是"，那么在那一刻你会意识到，你眼中坏的行为给那个人带来了很大的积极影响，帮助他成长了。这样一来，隐藏在你心底的负罪感和自我否定就会被化解，你就能从善恶判断与负罪感中解脱出来，变得更加自由、更加爱自己，从而唤醒你原本就有的力量。

◎ **第 4 问：在你遭受不幸时，是谁在安慰你、帮助你**

在第 1 问到第 3 问中，我们发现了"世界处于平衡之中""宇宙中充满了爱的伟大智慧，我们身边发生的事情都是有利于我们成长的事情"这些事实。在第 4 问中，我们将深刻理解"世界处于平衡之中""能量不增不减，它以不同的形式存在"的观点。

每当有人攻击我们、抛弃我们、批评我们时，总会有人站出来保护我们、照顾我们、袒护我们、表扬我们。然而，我们往往只会看到攻击、抛弃、批评，而没有注意到它的反面其实是同时存在的。

当我们抱有极端偏见时，会感到苦恼，会抱怨"没人理解我""没人对我好""每个人都在指责我"。相信我们大多数人都有过这样的痛苦经历。第4问会帮助我们消除这种偏见，从更全面的角度看问题。

"在对象者针对你的时候，有人在做与他相反的事情。"

"有人在做与他相反的事情"的意思是，如果有人责备你，那一刻肯定有别人在保护你、关照你；如果有人忽视你，那一刻肯定有别人在关心你；当有人认为你不好的时候，肯定有别人认为你很好。

那些保护你、照顾你、关心你、欣赏你的人可能在场，也可能不在场。他们可能是一个人，也可能是几个人。可能是男性、女性、年轻人、老人、个体或团体，甚至也可能是你的宠物、植物，或者被子、褥子、靠垫、房屋、地板、汽车、太阳和月亮等物体。

要回答这个问题，你就得像第2问和第3问一样从内心入口进入行为场景。如果做不到这一点，你就很难找到这个问题的答案。但如果你能做到这一点，就能在 3 秒内得到答案。不要用大脑去思考，而是要从内心入口进入场景，用直觉寻找答案。

还是以前文提到的三人为例。假设小学时被妈妈打骂的广幸参与了这个问题的解答，广幸从内心入口进入被妈妈责打的场景，他用内心的眼睛看着妈妈，用内心的耳朵听妈妈的声音，感受被妈妈打的痛感。仔细想一想：为什么妈妈会打他？弄清楚被打的原因，**然后问自己："现在是谁在保护我，安慰我？"**

答案可能是这样。广幸被妈妈责打时，在场的兄弟姐妹在内心里是和广幸站在一边的；小狗可乐可能也想保护广幸；不在场的爷爷奶奶很疼爱广幸，他们之后会安慰广幸；广幸是在被子上被妈妈打的，被子可能也想温柔地保护他。

这些保护、关心广幸的人和物增加了"保护和关心的量"。当"保护和关心的量"与妈妈责打他的量相等时，第 4 问的解答就完成了。

假设妈妈的责打给广幸造成了 10 个点数的伤害，广幸从内心入口进入那个场景，在妈妈打他的那一刻，在场的兄弟姐妹为他感到难过，想给他安慰，此时形成的积极影响有 5 个点数。爷爷想安慰广幸的想法形成的积极影响有 1 个点数，奶奶是 3 个点数。想保护广幸的被子形成的积极影响有 1 个点数。计算之后我们发现，那一刻对广幸来说，"温柔、温暖和保护"带来的积极影响与"严厉、冷酷和挑战"带来的消极影响是等量的。这时候第 4 问的解答便结束了。

被亲戚家叔叔猥亵的明美，从内心深处的入口进入叔叔猥亵她的那个场景。那一刻肯定有人想要保护明美，那些人肯定想大声地对那个叔叔说："你一定要控制住自己的欲望，不要做明美不喜欢的事情。绝不要为了满足私欲而强迫明美做她不喜欢的事情。"试着找出这些积极影响吧。

对明美来说，积极影响可能有以下几种。

其实明美的父母很想让她回家，但他们尊重明美要留在亲戚家的想法，于是让她留了下来。就是在那个亲戚的家里，叔叔猥亵了她。明美的奶奶住在那个叔叔家附近，奶奶在家开店做点小生意，她希望明美能在放学后到店里帮忙，可明美喜欢跟同学玩，喜欢去兴趣班，所以不肯来她这里帮忙。虽然奶奶希望明美能来店里帮忙，但还是忍住了这种想法，没有强迫明美过去。明美的爷爷非常疼爱明美，希望她一直是一个"小小的、可爱的女孩"，他想让明美帮他揉揉肩，或者带她去超市买东西，顺便让她帮着提东西，可还是忍住了，爷爷不想强迫她做她不喜欢的事情，想一直宠着她。

在叔叔猥亵明美的那一刻，我们把爸爸、妈妈、爷爷和奶奶带给明美的积极影响的量（他们压抑了欲望，没有强迫明美做她不想做的事）加到一起。假设叔叔带来的消极影响（为了满足私欲猥亵明美）的量为 10 个点数，那么遵循明美意愿，保护明美的点数也要加起来计算。明美从内心深处入口进入被猥亵的场景时，她凭直觉觉得爸爸没有违背自己的意愿，给自己的积极影响有 3 个点数；妈妈没有违背自己的意愿，给自己的积极影响有 3 个点数；爷爷给的积极影响有 2 个点数；奶奶给的积极影响有 2 个点数。也就是说，当叔叔猥亵明美，给她造成伤害时，其他人正在做保护明美的事，给了她等量的积极影响。那一刻对明美来说，"温柔、温暖和保护"的积极影响与"严厉、冷酷和挑战"的消极影响是等量的。

丈夫有外遇的伸子情况又是怎样的呢？对于伸子来说，在丈夫有外遇的行为中，她最不能接受的就是"丈夫和其他人发生了关系"，所以我们假设丈夫与其他女性发生关系给伸子造成的伤害有 10 个点数。在这一环节，伸子要做的是从内心深处的入口进入得知丈夫有外遇的那个场景，然后寻找那时候谁给了她等量的积极影响。

伸子凭直觉发现了以下积极影响。比如，那时伸子和儿子的关系融洽，这给她带来的积极影响有 3 个点数；儿子同学的妈妈和她关系很好，给她带来的积极影响有 2 个点数；养的宠物猫很亲近自己，给她带来的积极影响有 1 个点数；伸子父母对她的爱给她带来的积极影响有 4 个点数。这些亲密关系足以抵消丈夫外遇对她造成的伤害。当她明白这一点时，就完成了对第 4 问的作答。

有时你会发现，对象者的恶劣行径不只给你，也给其他人带来了消极影响。这时你要找的是，在对象者做坏事的那

一刻，有谁在进行完全相反的行动。把这些行为记录下来，多多益善，直到你发现积极影响与消极影响在数量上达到一致为止。

你认为父亲打母亲，给母亲造成了伤害。那么你要从内心深处的入口进入施暴的场景，寻找并记录谁在试图保护妈妈、安慰妈妈。例如，自己同情妈妈，想要保护妈妈、照顾妈妈；外公外婆还有舅舅都非常爱护妈妈。我们要努力发现给予了妈妈安慰和保护的力量，要尽量多地去寻找，直到你发现安慰的力量从数量上与伤害的力量持平为止。

● 确认第 4 问的完成情况：假设对象者对你的伤害有 10 个点数，你认为那一瞬间别人保护你的行为也有 10 个点数吗？

如果你能毫不犹豫地回答"是"，那么第 4 问的作答便完成了。

另外，如果对象者不是给你，而是给 A 带来了 10 个点数的伤害。那么当你认为其他人给 A 带来了 10 个点数的保护时，第 4 问的作答便结束了。

当完成了第 4 问后，你会发现所有人（包括你在内）接受的"严厉、冷酷和挑战"与"温柔、温暖和保护"都是等量的。你对这一点理解得越深刻，你的焦虑就会越少，生活就越有安全感。

第 4 问的基本原理中隐藏着一个重要的智慧——对我们来说，"严厉、冷酷和挑战"和"温柔、温暖和保护"总是保持等量和平衡的关系，这保证了我们能够在这两方力量的影响下得到最大程度的成长，活出最真实的自己。

如果我们遇到的全是严厉、冷酷和挑战，那么强大的消极力量会把我们彻底击垮。我们厌恶严厉、冷酷和挑战，祈求温柔、温暖和保护。但是，如果我们遇到的全都是温柔、温暖和保护，没有任何挫折的话，那我们又会变成什么样子呢？这时，人们对你只有友善，无论做什么，别人都奉承你、称赞你。**在这样的环境中，我们会变得幼稚、软弱，会失去克服困难的力量，不会深入思考，缺乏知识且能力无法得到提高。我们只会寻求别人的认可和赞赏，无法独立去做真正重要的事情。**

通过第 4 问我们发现了一个真相：当对象者对你做某些恶劣行径时，那一刻也有人在关心你、爱护你、关注你、欣赏你。但是，如果你的人生中只有温柔、温暖和保护，那么你便无法独立，不会变得坚强，无法扩展你的社会关系，无法认清对自己来说真正重要的事情，无法获取知识和提高自己的能力。从这个角度来说，对象者在不知不觉中扮演了历练你的角色，给你带来了严厉、冷酷和挑战。**所有的这一切都是为了促进你的成长，完善你的人生。**

很多人认为爱就是友善，但如果人生中只有友善，那么我们永远都长不大。事实上，爱是温柔和严厉的结合体，二者缺一不可，它们总是伴随我们左右。

当我们过于寻求"温柔、温暖和保护"时，"严厉、冷酷

和挑战"也会随之而来，为我们打破这种依赖。当我们明白
"严厉、冷酷和挑战"的目的，怀着感恩的心生活时，就可以
在这个世界上大展拳脚，活出真实的自己。

多次心灵对话之后你的变化

* * *

在前文中，我们学习了针对对象者的某个行为，如何一步步地进行心理疗愈。然而，在多数情况下，对象者会有很多恶劣行径。这时我们要各个击破，针对每个行为重复前文的操作。

当完成德马蒂尼方法的疏导治疗后，我们便不再被恶劣情绪支配或左右，我们将重新获得快乐、轻松和自由。

不过，虽然你完成了心理疏导的整个流程，取得了一定效果，但是你与对象者之间仍有可能存在未曾注意到的心结，这个心结可能会导致你的情绪出现反复。

当你完成心理疏导后，你的心结已经解开，但你以后和对象者接触时，可能还会产生新的纠葛。或者经过心理疏导，你的焦虑情绪在一定程度上得到了缓解，但你的心结并没有完全消失，你还没有完全解脱出来。此时，你还需要按照前文的步骤再做一次心灵对话。你可以在上班的班车上或睡前完成。你做得越多，就越能理解世间的智慧，这样你就能逐渐从消极的情绪中走出来，重新感受到人际关系的自由、轻松和快乐。

第八章

共情疗法 8：
在日常生活中运用
德马蒂尼方法的
智慧

独立
生活的秘诀。

让人生越来越丰富的智慧

* * *

希望你能用心实践德马蒂尼方法，让这种智慧可以在日常生活中帮助你。它是世界上少有人知的智慧，不要把它看作单纯的知识，而要去运用它、掌握它，把它变成自己的智慧，从而受益终身。

正如之前所说，这一智慧最基本和最重要的观点是，世界上的所有事物都有积极和消极的一面，而且它们在数量上是相等的。

当事情发生时，我们往往会给它贴上"这是坏事"或"这是好事"的标签，并为此感到沮丧或喜悦。我们的思维认知中存在偏见，所以才会产生这些情绪。但也正因如此，我们的人生才更有意义。

如果我们总是能够深刻理解这一点，就说明我们做到了超脱、淡然。但如果真的那样，我们也就失去了解决问题的动力，无法为这个世界做出贡献，无法获得进一步的成长。当然，我也就没有必要写这本书了。

有的人常常会说出一些直指人心的话，例如"人正是因为不完美，所以才完美"。它的意思是，正是因为你身处黑暗，所以才能感受到光明；正是因为你们的关系紧张，所以才能感受到亲睦的喜悦；正是因为资源匮乏，所以人们才能体会到什么是满足；正是因为在多面性的世界中，我们的感知偏向某一面，所以我们才有精彩的体验、才会得到成长，这就是我们来到这个世界的目的。

换言之，人们来到这个世界，其目的就是经历各种事情，从中体验自己和他人的精彩之处。

通过这种体验，我们能不断成长。我们在当前能力水平下，拓展认知的边界，感受什么是爱和感恩，这样我们就会进入下一阶段，在更高的认知水平下，经历新的认知偏见。如此反复，我们才能不断成长。

这就像运动员一样，他们在上小学时，为了能在校队取得更好的成绩而努力锻炼，提高竞技水平。然后沿着初中校队、高中校队、职业运动员的方向不断挑战自己，让自己变得更强。这些人中有一些一流选手，他们不满足于国内的竞技舞台，于是去往竞争更加激烈的欧洲、美国，在世界的舞台上接受挑战，展现自己的实力。

我们渴望自我成长，我们正是在成长的时候才能体会到人生的意义和充实感。

如果你想维持现状，觉得"这样就很好""不想要所谓的成长和变化"，那么你就无法发挥自己的优势，生活也会变得索然无味。

对于个人成长来说，"严厉、冷酷和挑战"与"温柔、温暖和保护"这二者都是必不可少的。我们与人交往，经历各种事情，受到各种积极的影响与消极的影响。我们自己有时会扮演"严厉、冷酷和挑战"的角色，有时会扮演"温柔、温暖和保护"的角色，从而帮助别人成长。我们要明白这一点，并不断利用德马蒂尼方法调整自己，激励自己成长。

在看似消极的事物中发现隐藏的积极因素是一项重要的能力，利用德马蒂尼方法多加练习，这种能力会更强大。越是能够尽早、尽量多地发现事物的对立面，我们就越能不被情绪掌控、不为外物动摇，稳定地按照自己的节奏来判断和行动。

所以，如果发生了一件看似消极的事情，那么请你尽可能多地找到它的积极因素。不要只用大脑去想，而要把它们写在纸上。当我们稍加思索就能写出一些积极影响时，那说明我们的疗法还未见成效。

当你停笔思索"还有没有更多的积极影响"时，此后的行为才是你成败的关键，这直接决定了你的这次疗愈能否取得成效。你要不断寻找并写下更多、更具体的积极影响。写得越多，你发自内心的爱和感激之情就会越多，内心也会变得更平和。

给我们的成长带来莫大帮助的是我们的家人。因此，在下文中我将根据多年的从业经验，与你分享一个重要的智慧，帮助你更好地处理与家人之间的关系。希望能帮助你从看似消极的家庭关系中找到积极的一面，帮助你进一步成长。

因为受到过伤害，所以才培养出同理心和善意

* * *

俗话说"父恩比山高，母恩比海深"。这是一个很好的比喻，但它过于美化了父母对子女的爱。绝大部分父母对子女的爱绝不是无条件的，他们的爱会附加各种条件、要求、期待，甚至是执着。这一点无可争辩。所以，我们在成长的过程中经常无法感受到父母无条件的爱，我们只能感受到"因为我不是好孩子，所以被妈妈骂""我辜负了父母的期望，所以他们对我失望了"。对于童年的我们来说，这些都是非常痛苦的经历。

世界上没有完美的父母，也没有完美的养育方式。正因为不完美，我们才能从中获得宝贵的经验和教训。我们发现自己不是无条件地被爱后，就可以理解什么是悲伤、孤独和愤怒，并对他人产生同理心和善意了。

当孩子无法从父母那里获得无条件的爱时，他们便开始向父母以外的人或物寻求关爱，这会加深他们与祖父母、兄弟姐妹、亲戚、宠物之间的亲密关系。进而，如果家庭不能给予我们渴求的关爱，我们便会向外寻求老师、朋友和同学的关爱，与他们建立良好的人际关系，拓展自己的世界，让自己变得更独立。

我们之所以关注自己的内心，想要了解我们的内心，去探寻成长的价值，是因为我们曾经有过辛酸的经历。正是因为经历了磨难，我们的内心世界才变得更丰富，我们才拥有了战胜困难的力量。正是因为有了痛苦的经历，我们才更乐于向他人表达善意。

从孩子和爱人身上看到自己的阴影部分

* * *

在我们的人格或生活态度方面，总有一部分是我们不愿意承认或者被我们故意无视掉的，我们称这些部分为"阴影"。当我们将阴影暴露在阳光下，使阴影和阳光重合在一起时，我们就会成长，内心也会变得更加丰富。

我们在孩子和爱人身上可以看到自己的阴影。假设你是一位男性，一直以来都坚信"我必须强大"。你会否定自己的弱点和情绪化的东西，要求自己相信"我很强大，也必须强大"。后来，你有了儿子。他性格胆小、畏缩不前。尽管已经上小学了，但他还是一遇到困难就哭。而且儿子讨厌你喜欢的武术，却很看重家人之间的亲情。儿子的感情细腻，对美好的事物有着丰富的感受。你认为这样的儿子太软弱，你不能接受这样的他，想把他变成一个坚强的孩子。

但是，孩子身上表现出的，正是你不愿意承认的阴影。如果通过孩子的存在，你意识到并接受了自己的弱点，那你的人生将会变得更丰富，你的人际关系会变得更融洽，你的人生会变得更多姿多彩。

假设你是一位女性，是上文中提到的那位过于在意自己

"是否强大"的男人的妻子。你看重的是温柔和体贴，你不够严厉、强悍和独立。你认为丈夫严厉管教儿子是错误的，你会否定你的丈夫。

但是，如果你从你的丈夫那里认识到严厉、强悍和独立的价值，而且自己也变得严厉、强悍和独立了，那么你的内心将变得更丰富，你会交到更多朋友，你的人生也会变得更加多姿多彩。说不定你还可以通过劳动为社会做出更大的贡献，提升自己的经济实力。其实我们工作赚钱就是在为社会做贡献。

如前文所述，我们从孩子和爱人身上看到了自己否定、轻视和忽视的阴影部分，这些阴影对我们的成长来说同样重要。

习惯在看似积极的事物中发现消极因素

* * *

我们在"严厉、冷酷、挑战"与"温柔、温暖、保护"这两股力量的交锋中最大限度地提升自我，并实现自我成长。正反两面的力量总是等量来到我们身边。

因此，当我们为好事贴上"好"的标签时，也就意味着这些好事中包含着同等数量的相反特征。如果你看不到那些相反特征，只看到了好的一面，那么一旦发现了事情的相反特征（不好的特征），你就会感到伤心、愤怒、气馁。然后你就坐上了情绪的过山车，被各种人和事左右。

当被贴上"好"的标签的事情发生时，我们要从中找到相同数量的消极因素，使情绪从欢呼雀跃的兴奋状态冷静下来，回到充满爱和感激的稳定状态。

比如你的恋人向你求婚。在被求婚的那一刻，大多数人都会非常兴奋，把它看作"100％的好事"。然而不久之后，消极因素逐渐显露出来，并且余波不断。你会感到很沮丧，心情低落。你会想"没想到他居然是这种人""事情不应该是这样的啊"。极端情况下，你还会非常伤心，充满愤怒和怨恨，最后解除婚约或婚姻关系。

在被求婚时，你不要被喜悦冲昏头脑，而应该多找找婚姻中的负面因素，这样才能不被起伏的情绪左右，在爱和感恩的稳定状态中坚持自己的信念，做自己喜欢做的事情，过自己想要过的生活。这些负面因素包括：你在订婚或结婚之后，与同性朋友、兄弟姐妹和父母的关系会逐渐疏远。在生活的很多方面（例如把钱花在哪里，想要住在哪里等）都会失去自由，你必须适应你的伴侣。一旦订婚或结婚，你与伴侣的父母和亲戚之间会建立更多的联系。未来在怀孕、分娩和育儿方面，你不自由和不便的地方会越来越多，可用于工作和爱好的时间会更少等。

除此之外，还会有其他的消极影响。你要做的就是写下这些消极影响，直到你发现消极影响和积极影响在数量上完全相等为止。你了解到以上情况之后，仍然决定为了自己的下一步成长选择订婚和结婚，那时候的你便可以坚定、平静地走入婚姻生活了。

当你使用不偏不倚的辩证思维去看待各种事物时，你就会发现自己不再依赖他人、执着于他人、怨恨他人，你不再觉得自己是受害者，不再被自己的情绪左右。你会坚定自己的想法，明白"自己想做什么""自己想成为什么样的人"，发挥自己的优势，创造生机盎然、五彩斑斓的人生。这样做无论对你本人还是对周围的人来说，都是最好的选择。

如何化解你的失落感

* * *

很多人在幼年或青年时，因父母离异或离世而失去了亲人。还有很多人因没有爱人或恋人而感到孤独。如果你也感到孤独，就请跟随我做下一个任务，来彻底化解你的失落感。

假设你在小时候就失去了父亲。那么当你意识到父亲不在的那个时候，是否有人照顾你、疼爱你、为你提供帮助？请写下所有像父亲那样疼爱你、帮助你的人。

例如，在你上幼儿园时父母离异，父亲离开了家。自父亲离家后，是谁像父亲那样疼爱你、帮助你？比如在经济上给你帮助，并关心你、教育你，陪你一起玩耍，与你谈心。这些人可能是妈妈、祖父母（外祖父母）、叔叔阿姨、兄弟姐妹、邻居、老师、教练、朋友等。在经济方面，你可能得到过政府提供的公共援助，这保障了你的基本生活。此外，父亲可能给了你微笑和自强自立的决心，在父亲离开家后，你掌握了这些能力。

一般来说，当父亲离开后，父爱由多人分担，以不同的形式又提供给了你。你要把他们都写下来，一直到你认为他们给你的爱与父爱等量平衡，你的内心不再备受煎熬为止。

再假设在那之后，代替了父亲的角色，给你关心、建议，让你产生了依赖感的补习班老师或学校班主任又离开了你的身边。新的学年开始了，你从补习班毕业了，班主任也换成了别人。从那一刻起，补习班老师和学校班主任给你的那些关心、建议和依赖感又改由别人给你。那些一直给你关注、建议和依赖感的人比以往任何时候给的都多。他们是谁呢？是你的朋友、前辈、亲戚家的叔叔阿姨……请写下所有帮助过你的人。

当你把他们都写下来时，你会产生"父亲从未离开过"的感觉，能深刻地体会到自己的生活并不缺少父爱。

接下来，请写下父亲离开家后，其他人（补习班老师、学校班主任等）代替父亲去疼爱你、关心你，给你带来了怎样的积极影响。请你把所有的积极影响都写下来。比如，带给你的积极影响可能包括：父亲经常抱怨，可补习班老师和学校班主任并没有像父亲那样抱怨过；跟父亲住在一起时，总觉得被他监视着，可补习班老师和学校班主任只有在补习班和学校时我才会与他们见面，因此我感到很轻松；补习班老师和学校班主任给我提出了学习方面的建议，他们的建议比父亲提的更容易理解，对我的学习更有帮助；曾经父亲一个人给过我的东西，现在有很多人在给我，所以我不必执着于父亲的离开。

他人给你的积极影响尽量写多、写全，直到你确定这些人给你的关爱足以匹敌父亲给你的关爱时，你就完成了这项任务。

如果你因为没有恋人或爱人而感到孤独，那么你可以写下你认为伴侣或爱人能够提供给你什么。例如，"夸赞我的外表""夸我的性格""出部分伙食费""跟我谈论日常琐事""给我工作建议""倾听我的故事"等。

不要写下你的感受或解读。比如，有了恋人或爱人"不会感到孤独""觉得自己很有魅力""生活充满活力"等。因为这是你的感受和解释，并非你的恋人或爱人给你关爱的细节行为。你要写下恋人或爱人的哪些具体行为让你产生了"不会感到孤独""觉得自己很有魅力""生活充满活力"的感受。

然后，写下现在代替你的恋人或爱人给你关爱的所有人。例如，有人称赞你的外表，有人称赞你的性格，有人会为你承担一部分的伙食费，有人会与你谈论日常琐事。这些你原本以为只有恋人或爱人才能给你的关爱，现在换成别人给你了。把他们都写下来吧。为我们做这些事的人，除了我们身边的人，还有可能是电视和网络中的虚拟人物以及宠物、植物、毛绒玩具、家具、电脑、房屋、想象的事物等。

如果你将这些全都写下来，你就会发现自己的担心是多余的。你想要的那些早已存在于你的身边。

下一步，请写下这些人（包括动物、植物、想象中的事物等）的行为给你带来了怎样的积极影响。例如，除了恋人，还有很多人给了你关爱，恋人不是你生活的"必需品"，没有恋人你也可以活得很好；没有恋人不会影响工作；可以不用为恋人的事情操心；能拓展自己的人际关系；可以节省很多用在恋人身上的花销等。这样的积极影响非常多。

完成这项任务后，你就会对现在的生活心生感激。

经常有人觉得"一旦单身久了，就不想结婚了"。但是当他厌倦了一个人的生活，会急于摆脱单身，而找到恋人后，他往往会自降身价，被对方左右，执着于那些不会给他带来幸福的人。他很可能会看上同类人，即那些抱怨人生，认为"你要按照我的要求去做，你要给我带来幸福"的人。

相反地，你越肯定自己的人生，越相信自己的价值，你中意的人就越能和你一样肯定你的人生，并认可你的价值。

到这里，笔者已经为你介绍了怎样做才能对过去和现在充满爱和感激。在本章的最后部分，笔者将介绍一下怎样做才能消除对未来的不安。

4 个步骤帮助你拥有独立的人生

* * *

人们接触新事物的时候会感到不安，这时也可以用德马蒂尼方法来解决问题。通过以下 4 步，就可以消除你对新事物的不安和焦虑。

第 1 步，思考接下来要做的事情可能导致的最坏结果，并把最坏的结果写下来。很多人认为他们焦虑是因为他们不知道将来会发生什么，但事实并非如此。我们对未来感到不安，是因为我们已经有了不好的心理预期，不知道应该如何应对最坏的结果。所以，这一步你要做的就是把最坏的情况写下来。

第 2 步，写下你过去是如何克服类似困难的。你会感到焦虑，说明你能够克服类似的困难。把你的"闯关"方法写下来，这样即使将来遇到类似问题，你也可以顺利解决。这样你就会对未来更有信心。

第 3 步，为了避免出现最坏结果，把你现在能做的事情写下来。然后照着执行，只要行动起来，你就能感受到自己的力量，不会被莫名的不安所折磨并感到困扰。

第 4 步，如果最糟糕的事情真的发生了，我们要想一下怎样做才能让糟糕的事情给我们带来积极影响。一定要把做法都写下来。

你写得越多，就越有信心在最坏的结果中发现等量的积极因素，你对未来的不安也就会越少。请多花点时间按照这 4 个步骤执行。你做得越多，焦虑就越少，行动就越能取得效果，你的人生就能更加独立。这样一来，你也会更加自信。

深化篇

第九章

共情疗法 9：
接受专业人士的
帮助

效果不佳时的
突破口。

这样真的已经没问题了吗

* * *

前面我们介绍了如何运用"内在小孩疗法"和"德马蒂尼方法"进行自我疗愈。接下来将为你介绍怎样接受专业的心理辅导。

很多人不敢面对自己。我们会在无意中善意地欺骗自己，"我没有问题""那是过去的事情了，已经没关系了""只要不沉溺于过去，向前看就行了"。我们也会想出各种理由不去面对自己，例如"这没什么大不了的""谁都会遇到一两件辛酸事，再怎么去纠结也没有意义"等。

然而，当我们真正面对自己的内心时，才会发现现在我们的内心仍然在受伤，在刺痛、悲伤、愤怒❶，然后意识到这才是我对人际关系感到痛苦的根源。

---

❶ 本部分内容参考了冈部明美女士在其著作《宿命之路》中描写的面对自我内心感受时的内容。冈部女士是一位很受欢迎的讲师和心理辅导师，曾为许多人提供过心理辅导。

当我们再怎么努力也收效甚微时

* * *

当你接受原本的自己，并爱原本的自己时，你就能慢慢被治愈，获得成长。然后你开始慢慢地接纳他人，爱他人。社会交往带给你的焦虑、伤害和负担会逐渐减轻，你会变得更加轻松，更加快乐。

本书为你介绍了两种共情疗法，并且尽量详细地演示了操作细节，这样你就可以独立运用这两种疗法进行心理疏导了。但有时你会发现，尽管你很努力，却无法得到想要的结果。这是因为我们痛苦的源头位于内心中的无意识领域，这是任何有意识的努力都难以企及的。在这种情况下，与其靠自己不断试错，不如直接寻求心理咨询师、心理治疗师、临床心理师[1]、公认心理师[2]等专业人士的帮助，这样你可以更快、更彻底地从痛苦中解脱出来，让自己走得更远。

---

[1] 日本民间认可的心理咨询师。——编者注
[2] 日本国家认可的心理咨询师。——编者注

职业心理咨询师就像冰鞋

* * *

心理咨询师就像冰鞋。我们穿运动鞋、高跟鞋，甚至赤脚都能在冰上行走。但是，穿运动鞋或高跟鞋在冰上行走会非常困难，速度也很慢，而赤脚在冰上行走则太冷、太难受。穿上冰鞋，你可以滑得更快、更远。冰鞋给你带来风驰电掣般的快感，这是没穿冰鞋的人永远体会不到的世界和境界。

但是，即使最好的冰鞋也不会主动把你带到任何地方。你要自己穿上冰鞋，自己往前滑，把主动权掌握在自己手里。

想要消除人际关系的痛苦，接纳自己、爱自己，并迈着自信的步伐往前走，**你需要咨询专业的心理咨询师，这样比自己独自努力或寻求身边人的建议更有效。只有这样，你才能在心灵治愈的路上走得更快、更远。**从共情疗法的效果来看，寻求心理咨询师的专业帮助要远远好于自我实践。

聆听的同时感受对方的存在之美

*　*　*

　　笔者是一名职业心理咨询师，每当来访者来咨询时，我都会去感受他们的存在之美。笔者能感受到来访者就像美丽的水晶一样闪耀，那一刻内心会涌上一股平静的感动。笔者在与他们相处的同时，会为他们的美而深深感动。这种美并不是一种形体美，而是存在之美。

　　然而，来访者却并不认为自己是美好的，他们甚至厌恶自己，非常自卑。他们憎恨他人，时常悲伤，他们的心被囚禁在消极的情绪中。

　　实际上，这些来访者就像水晶一样珍贵且美好，我们能感受到这些美好的人经历了人生百态，他们曾经陷入黑暗和痛苦。

　　不过笔者不会对来访者说"你是美好的存在""真实的你珍贵而美好"。心理咨询师的工作不是简单地赞美来访者，以此使他获得暂时的、表面上的轻松，而是帮助他们寻找并解决"不爱自己""无法感受到自己的存在价值"等内心痛苦的根源。

让你闪耀的舞台

* * *

心灵上的痛苦会给你带来悲伤、孤独、愤怒等负面情绪，甚至会导致让你断绝人际往来的后果。但正是因为有了负面情绪的黑暗，我们才能体验和感受到善良、希望、欢乐、勇气、美好、治愈、成长等光明。黑暗是光明和欢乐必不可少的舞台。

把黑暗视作"恶"，否认它、对抗它，这种行为本身就是一种黑暗。你越是对抗它，黑暗就越强大，你就会越痛苦。

黑暗是我们在这个世界上成长和体验快乐不可或缺的东西，只有利用好黑暗，我们才能成长为理想的自己。

这就是黑暗存在的意义。与专业人士携手共同前行才是明智的选择。

本书的最后一章将分享一位女士的故事，她从童年时期开始便一直经历着心灵上的痛苦，后来她通过努力消除了痛苦，并且将自己的经历写成了手记。相信她的宝贵经历能带给我们珍贵的心灵启示。

第十章

共情疗法 10：
改变你的人际关系，
更改变你的人生

一位女士的人生经历
给我们的启示。

重要的生活智慧

* * *

◎　关于这本手记

　　这是一本很有价值的手记，它的内容极富启发性，它告诉我们未曾治愈的心灵创伤会如何影响我们的人际关系，如何影响我们对自己的认知和日常情绪，以及解决心灵创伤会给我们的人际关系和生活带来怎样的变化。在征得记录者本人同意之后，在此与您分享她的故事❶。

　　手记的记录者是惠美（化名），她与母亲关系紧张，精神常年处于痛苦的状态。她曾参加过德马蒂尼方法研讨会❷，想要找到办法消除自己的痛苦。手记中出现的"课程"指的是德马蒂尼方法研讨会。研讨会由赤木美香女士❸和笔者共同发起，在此谨向赤木美香女士表示衷心感谢。

------

❶　她允许我在引用手记时使用她的真名，但我经过思考之后决定使用化名。于是惠美自己选择了这个化名。非常感谢她允许我讲述她的故事。

❷　因为美国德马蒂尼公司主张德马蒂尼方法不是心理咨询或心理疗法，所以我并不是以公认心理师或临床心理师的身份，而是以德马蒂尼方法宣传员的身份组织了本次研讨会。

❸　赤木美香女士是一名人力资源开发顾问，也是克拉克未来咨询公司的董事长。她活跃于企业培训、催眠疗法和德马蒂尼方法等培训领域。

接下来，通过惠美分享的经验，我们一起学习使人际交往更幸福、更精彩的重要智慧 ❶。

我的原生家庭是不幸的

我的父母有稳定的工作，他们身体健康，住在带庭院的独栋房子里，养育了三个女儿。虽然在周围人看来，我的家庭条件非常不错，但是我却知道我的父母其实很痛苦。

母亲的内心住着一个深受伤害、偷偷哭泣的小孩。父亲似乎也有一种"没人能理解我"的苦闷。在我10岁左右的时候，看着父母的背影，我就会想"啊，以后就算活着，我也只有痛苦"，那时候的我认为自己的未来是悲观的。我出生在一个"虐待家庭"中，在"有毒父母"的抚养下长大。

我还记得母亲对我说过的很多话。例如，"如果我没有生下你就好了！"她否定了我来到这个世界上的意义。我百分之百地相信母亲是"折磨我的人""是我痛苦的源头"。在我小时候，她就对我们三姐妹说："如果没有你们，我就用不着嫁给这样的男人。""你们知道我为了你们忍受了多少，付出了多大的牺牲吗？"

父亲是一个家暴男，经常打我的母亲，也打过我很多次。一个小女孩要承受父亲的怒火和殴打，这是多么可怕的事情

---

❶ 惠美的案例仅供参考。——编者注

啊。我很害怕，甚至害怕所有男人。男人就是我的敌人！我抱着这种想法长大了。

有一天，父亲又打了母亲，母亲选择了报警。从警局回家后，她对我们三姐妹说道："你们的爸爸是罪犯，你们赶紧收拾收拾东西去福利院生活。"

这就是我的父母。我从小胆小怯懦，不愿面对现实，小心翼翼地生活着。

育儿之苦

后来我结了婚，有了孩子。我想："我和母亲是不一样的。我要给孩子满满的爱，我的孩子一定会幸福的，我能够让她过上幸福的生活！"我非常相信这一点。

但最终，事与愿违。第一次抚养孩子的我有些茫然，根本没有时间和精力去体味幸福。我不分日夜地抱着孩子，给她换尿布、给她喂奶，不眠不休地照顾她。生完孩子后，尽管我的身体还没恢复好，却不得不做家务。

原本想当然的事情，实际上却并没有发生。"这样的我怎样才能把她培养成一个快乐的孩子？"我感到自己承受着巨大的压力。我非常孤独，常常为自己的没用和可怜长吁短叹："为什么我总是处在痛苦之中？""我为什么要活在这个世上？"

我被空虚感折磨着。抚养孩子就像在重演我的童年，和父母一起生活的童年，以及我努力表现得像大人一样，试图掩盖情绪。我的父母并没有像我希望的那样爱我，我是由不成熟的父母抚养长大的。未消除的悲伤、孤独和愤怒向我袭来。

结婚后组建了家庭的我，终于拥有了幸福，拥有了梦寐以求的、属于自己的家庭，可是我的内心却并未感到满足。我和我的父母一样，有一颗无助的、深受伤害的幼小心灵，我觉得没人能理解我。即使具备了幸福的条件，我也一直感到痛苦。我害怕改变，害怕受到伤害。我一直在同类型的人际关系中打转，感到很痛苦。

生下大女儿后，我成了妈妈，我的母亲成了外婆。

母亲把刚出生的外孙女抱在怀里，第一个孙辈的诞生让她高兴不已，她说："迄今为止，我的人生都是漆黑一片的，没有遇到过一件好事，但现在我有外孙女了，阳光终于照进了我的人生！"那一刻，我的心头涌上一团怒火。

我出生的时候你不开心吗？既然不开心，为什么还要生下我？我的胸口又有一阵剧痛袭来，那里好像有个幼小的孩子在哭泣。

母亲6岁的时候，我的外婆因病去世。从那以后，母亲对死亡产生了极大恐惧。我是姐妹中最小的一个，6岁上小学之后，母亲的想法变成"孩子们都大了，我随时可以死了"。

母亲在艰难的环境中慢慢长大，终于她有了自己的家庭。

但是她的家庭生活不像想象得那么顺利。她与丈夫、婆婆的关系并不融洽，她饱受家庭暴力之苦，也无法向娘家人倾诉烦恼。她在周围孩子的家长面前很自卑，并且感到自己被孤立了，非常孤独。即使在这种情况下，母亲仍努力抚养我，可是我却无法对她产生感激之情。对此，我感到非常愧疚。

现在我也有了孩子，在抚养孩子的过程中，每当我遇到困难时，总是会想"妈妈也是在艰难的环境里把我养大的，而我却也让自己的孩子过得这么辛苦。我为什么这么蠢笨。"我对自己很失望，但同时我又能体会到母亲当时的心情："或许妈妈当时也是这样想的。"

在抚养孩子的过程中，我发现自己正在重现妈妈身上那种无法治愈的悲伤。

◎ 解说

如果你把某个人当作反面教材，那么你也会做与他做的相同的事情。当你对一个人感到愤怒和蔑视时，你会告诉自己"我不应该那样做""我必须跟他做得不一样"，这样一来，你便受到了束缚，失去了自由。所以，真正的解决办法不是树立一个反面形象，也不是原谅对方。"原谅"的意思是"那个人虽然做了坏事，但是我决定不责怪他了"，其中隐含的深意是"那个人做了坏事，他人品低劣，我的人格要比他高尚"。通过蔑视对方，让自己产生一种优越感。这种行为掩盖了我们作为人的本质，那就是"爱"。

真正的解决办法是爱他、感激他。只有那样我们才能摆脱他，让自己重获自由，活出真正的自我。

对活着的恐惧

我的心里一直隐藏着以下想法，这些想法一直在折磨着我。

"如果不表现出无知和无助，我就会像姐姐们一样被父母虐待，所以不要有自己的思想，也不要擅自行动。"

"如果我不惹人喜爱，就会像姐姐们一样被父母虐待，所以，我的一举一动都必须惹人爱，否则我就一文不值。"

"男人既狠毒又霸道，我可能会被他们杀了。"

"我为父母带来了不幸，我不应该活在这个世上。"

"与人距离稍近时我就可能伤害到他们。在别人眼里我是个怪人，他们讨厌真实的我，所以我一定不能与人走得太近。"

我还觉得"没人愿意听像我这样无趣的人啰唆"。我说话时经常口吃，还容易脸红，这些都让我很痛苦。

我一直认为是口吃症状导致我无法好好说话的。但实际上，口吃是我为了掩盖"我是一个无趣的人，反正没人会听我说话"这种十分痛苦的想法而采取的自我保护措施而已。我想让自己相信，无法与人交谈不是因为我是个无趣的人，而是因为我有口吃。

这就是我对身处黑暗深渊的自己的爱。

一个口吃的、可怜无助的我。这就是曾经我眼中的自己。我无法告诉任何人我的真实感受，我很孤独。

我无法向别人诉说我的内心痛苦，是因为我还有另外一个难言之隐——我想一直都认为我和别人是不同的，我是一个在特别糟糕的环境中长大的孩子。如果我与人交流，他们便会知道我的处境，然后理解我、包容我，这样我就会变成普通的正常人。这种想法也是我无法与人交流的原因。

这些都是我在童年时期形成的无意识的信念，是童年时期的我看着大人脸色活下去的生存之道。

在很长一段时间里，我的内心都住着一个孩子，她充满了痛苦、不安和愤怒。我敢肯定，自己有许多未化解的痛苦。

对女儿的愧疚

我对女儿感到非常愧疚。

我的女儿以真心待我，我却无法接受这样的她，我会不自觉地干涉她，有时我的说话语气过重，甚至想疏远她。我没能接受真实的自己，我感到非常悲哀，至今仍然耿耿于怀，我无法原谅这样的自己。

每次看到我无法为孩子做到的事情，别的妈妈却做到了，我就会很自卑，感觉自己不是一个称职的妈妈。每当看到别的妈妈会小心地给孩子擦手，对孩子宽容和蔼，我便会想"我的女儿生在我们家，真是可怜"。我很较真，一度非常想不开。

◎ 解说

"否定他人、攻击他人"和"否定自己、攻击自己"是同一枚硬币的正反面。惠美否定了自己的父母，最终导致她否定了自己，使自己处于痛苦之中。

去咨询心理医生

我开始去看心理医生了。但我非常抗拒和别人说自己对妈妈的负面情绪，这种无意识的抗拒持续了1年左右。这种抗拒来自"我想要去爱妈妈"的想法。

在心理咨询的过程中，我要做的就是向心理医生吐露自己的情绪，承认自己也做过同样的行为，为了不让这种恶劣的行为传递给下一代，我需要修正自己的行为模式。大概就是这些事情。

但是，我对这种诊疗方式不太认同，我觉得这无法从根本上解决我的问题，达不到我想要的效果。

自杀的想法

我甚至想过了结自己。如果我继续压抑自己的情绪，可能会毁掉自己，或者毁灭自己的精神，或者毁灭自己的肉体。

现在回想起来，为了化解自己的痛苦，我曾经反复按照德马蒂尼方法进行了自我治疗。但是，罪恶感和内心的抵触让我寸步难行。我很害怕，无法独自去面对。想来想去，我决定参加古官昇先生举办的心理咨询小组课程。

我下定决心，一定要从根本上解决内心的痛苦。我要彻底改变以前的生活方式。我不要再扮演可怜的受害者角色，不要再把自己的人生责任强加于别人，我要勇敢幸福地生活下去。

然而，尽管我已经下定了决心，但直到课程开始的当天早上，我对这种改变仍然感到抗拒和不安。

我对未知感到恐惧。让父母认识到自己的错误，不就失去了纠正他们错误的机会了吗？我发现不幸并非毫无可取之处，我甚至能够发现它的魅力。于是，我始终不肯将自己从不幸中解脱出来。

我曾经憎恨母亲，但现在对她只有爱和感激

在心理咨询小组课程上，我开始正视母亲的行为，因为这是我怨恨和悲伤的源头。结果我发现了许多以前从未看到

的积极因素。这些积极因素给我带来了非常重要的影响，成就了今天的我。以下我将分享我的一部分发现。

某天，母亲因为父亲家暴而去派出所报案。回家后，她满目怨恨地对我们几个孩子说："你们的爸爸是罪犯，你们赶紧收拾收拾东西去福利院生活。"那段记忆一直刺痛着我的心。

在母亲说出这番话之前，我还在渴望着她能给我爱，那时我的内心与她还没有隔阂。但之后每次回想起她那冷冰冰的话，我就会封闭自己的内心，与她的关系逐渐疏远。我发现母亲的想法和思维方式并不一定都是正确的，于是我开始对其他人敞开心扉，同时更加注重自己的感受。我变得独立了。此外，我开始思考那些被称作"罪犯"的人、被否定的人的想法，逐渐能够对他们的感受产生共情。

"如果没有你们，我就用不着嫁给这样的男人。""你们知道我为了你们忍受了多少，付出了多大的牺牲吗？"我从小听着母亲的抱怨长大，因此在我为人母之后深深意识到，珍爱自己、让自己幸福对孩子来说是多么重要。所以结婚之后，我努力让自己过得幸福。于是我去参加心理咨询课程，并遇到了古宫昇老师。

母亲说："没生下你该多好！"她这是否定了我存在的意义。正因为如此，我恨她、疏远她，转而寻求父爱。我从小就害怕父亲，但是以此事为契机，我发现了他温柔善良的一面。结果我不再那么惧怕男性，也正因如此，我才能够嫁给现在的丈夫。

通过这次课程，我还发现了很多我不曾注意到的事情。研讨组里的每个人都有辛酸的往事，他们几十年来都对某人怀有憎恨或悲伤的情绪。通过学习和疏导，他们对那个令他们憎恨的人表达了爱意和谢意，他们为内心获得了解脱而哭泣。我对母亲也只剩下了爱和感激。这是我一个人做不到的事情，但在老师的帮助下我做到了。我内心深处的巨大创伤和阴霾也消散了。

那一刻，我恍然大悟："啊，原来这就是我想做的！"课程结束时有人问我："你的母亲是个怎样的母亲？"我告诉他："她是一位了不起的母亲。"说这句话时我泪流满面。不是因为我宽恕了母亲，而是因为我对母亲产生了爱与感激。

那天在回家的路上，我看到了落日，那个场景非常美。我想这是我一生中看到的最美的落日。

情绪的变化

自那次心理咨询课程结束以来，我发生了很多变化。早上醒来时，我感到身体轻盈，内心不再沮丧。以前，当我拼命工作、玩耍或生气的时候，总会感到内心不舒服，想要独处。而现在这种感觉也消失了。我不再通过愤怒来掩饰自己的不安和悲伤，不再像以前那样焦虑不安。课程结束后的第五天早上，我感觉自己身体变轻了。"啊！原来之前我为了给自己找理由活下去或死去，消耗了这么多能量！难怪我会如此疲惫！"在那之前，我一直是自己的审判官。我的内心一方面被罪恶感和自我否定感充斥，我告诉自己"你应该去死"；但是另一方面，我却不断给自己寻找理由苟活下去。有时我甚至会想："我太累了，不如死了算了，这样能让我轻松一些。"我的内心一直处于"想死""想活"的挣扎之中。

但是参加课程之后，我发现：

我可以存在！

我可以活下去！

我可以爱别人！

我可以享受别人的爱！

活下去、被别人爱对我来说已经成为理所当然的事情，我不用强迫自己去相信这一点。我的内心变得更加安宁。

现在我明白了，我的心底一直存在"愤怒和悲伤""无法无条件爱母亲的负罪感"以及"无法接受母亲的爱时的悲伤"。为了掩饰它们，我耗费了很多精力，而现在我可以利用这些精力来积极地生活。以前因为压抑感情而耗费的能量，现在我可以用于充满热情的生活。

之所以产生这种热情，是因为有人需要它。我现在的生活态度更加乐观积极，为了需要我的人，也为了我自己，我要充满热情地生活。这是一种温暖的感觉。

和母亲的关系发生了变化

我曾经在心底认为自己不可以获得幸福，因为我的存在让母亲遭受了不幸，我必须陪着她一起不幸。如果我获得了幸福，母亲就是我通往幸福之路的垫脚石，她太可怜了，我不能这样做，我要通过怨恨与母亲联系到一起。

但是，现在我从心底觉得，如果我幸福了，母亲的愿望也会实现。母亲说因为我们姐妹的存在而导致了她成为婚姻的牺牲品，嫁给了那样的男人，所以我一直认为自己的存在是导致母亲不幸的根源，我也一直在否定自己。但通过德马蒂尼方法，我意识到，多亏了有我们几个孩子，母亲才没有选择自杀。她现在仍然健在，都是因为有我们几个孩子在身边！

如果我以前违心地对母亲说"谢谢"，或者原谅她，那么随之而来的痛苦就会侵袭我、折磨我，让我焦躁不安，不敢向前迈出一步。为了不让母亲影响我的情绪，我与她刻意保持了距离，不与她见面。这也是我内心罪恶感的根源。

至于母亲，因为我不去见她，所以她在退休后也可以继续工作，还有了练瑜伽、爬山、健步走、打排球等爱好，结识了很多朋友。她自己也在努力寻找生命的意义。我不再见她，使她收获了很多礼物。我不再为与母亲保持距离而感到内疚。

我想告诉她我对她发自内心的爱！于是我给母亲打了电话。我说："谢谢妈妈，我很幸福。"我的泪水盈满眼眶。母亲笑着说："别这样！像生离死别似的！"她又说："好了，好了，没事了。"就这样，她接受了我的心意。然后依然像以前一样向我不停地发牢骚。奇怪的是，我并没有再感到焦躁，反倒觉得她有点可爱。

以前的我总是认为自己必须让母亲幸福，我自以为是地背上了沉重的负担。当我发现自己无法做到的时候，我对自己非常失望。但是，现在我的想法改变了，我认为母亲有自己的人生，她应该去寻找她的幸福。

事实上，即使我对母亲怀恨在心，我也仍然希望她时时刻刻都记着我。我才是那个执着地想要入侵他人生活的人。

在日本有"母亲的咒语束缚"❶的说法，我觉得这个说法不对。施咒的不是母亲，而是我。曾经的我相信，如果我对母亲表达谢意，她就会更加执着于我，干涉我、侵入我的生活，所以我不得不和她保持距离。但事实是，我向她表达了我的爱和感激之后，她并没有经常给我打电话，也没有执着

---

❶ 意为母亲干涉左右子女的人生。——译者注

地打扰我。

如果是曾经的我，母亲没有干涉我，侵入我的生活，我会感到很孤独。我想要母亲过得不幸福，想要她感到寂寞孤独，从而寻求我的陪伴，我不想她得到幸福。

母亲打扰我的生活，我很苦恼；不打扰我的生活，我也很苦恼。但现在，母亲满足于她的生活，不再对我执着，不再打扰我，这让我感到很开心。

被爱的记忆苏醒了

以前我总认为母亲不爱我。但是心理咨询课程结束后，童年母亲疼爱我的回忆却逐渐在我的脑海中苏醒，就像一块布满黑色棋子的奥赛罗黑白棋❶的棋盘突然只剩白色棋子一样。

给孩子读绘本讲故事时，我能从我的声音中感受到母亲，这让我很温暖。

呼吸的声音、翻页的声音、词语与词语之间的停顿、在微弱的灯光下度过的温暖时光……

这些都是小时候母亲给过我的。

事实上，母亲的爱一直萦绕在我的身边。我被爱过，只是我在无意识中掩盖了那段记忆。因为我一直想把自己定义

---

❶ 一种棋牌类游戏。通过相互翻转对方的棋子，最后以棋盘上谁的棋子多来判断胜负。——编者注

为"受害者"，而把母亲当作"施暴者"，然而我当时并不明白这一点。

以前总觉得自己做菜不好吃，我想是因为我不喜欢母亲做的菜。心理咨询课程结束后，我觉得自己做的菜的味道好吃多了。

当我把烤好的戚风蛋糕拿给孩子吃时，突然想到母亲也为我做过同样的事情。当时，她把蛋糕递给我说："这个很好吃哦。"我还记得她笑眯眯地对着我说："我最喜欢看惠美吃东西了。"

在以前，即使我不饿，也会告诉自己必须吃下去。对于吃饭这件事，我对自己的要求过于死板。因为我幼小的内心一直都相信，自己好好吃饭才能让母亲开心。而现在这种拘束感也消失了。

与人相处变得更轻松

我一直想要了解母亲的内心。她当时为什么要说那样的话？我一直想要找到答案。冥思苦想之后我才明白，那不是因为她不爱我，事实上她一直爱着我。

我想了解母亲真实的想法，所以想努力走进她的内心。在与人相处时，我也想进入对方的内心，了解他的真实想法。心与心之间的那堵墙其实很薄，对方的痛苦情绪会传染给我，我也会变得痛苦。我一直在重复这样的人际关系。

但在心理咨询课程结束后，我相信母亲是爱我的，我不再试图进入她的内心，我与其他人的相处也变得更轻松了。

现在即使消除了母亲带给我的痛苦，我仍然关心别人的想法。不过，这种关心已经发生了质的变化。以前的我因为无法感受到母亲的爱而痛苦，这种痛苦逼迫我去在意母亲的想法。而现在，我的关心来自自爱，我想感受人的内在美。以前我倾听别人的故事会感到非常疲惫，现在再也没有那种负担了。

重新燃起对母亲的爱

以前，我百分百地确信母亲是折磨我的人，是我痛苦的根源。但是现在我觉得她是我的心灵支柱。我的心态发生了180度的转变。母亲没有任何改变，是我看到了以前没有看到的真相，在那一瞬间所有的一切都改变了。小时候，我想将来做一个像母亲一样温柔的人。我曾经那么喜欢她，这种纯粹的感情，现在我再次体会到了。

和女儿手牵手走路，让我想起了以前去买东西时和母亲手牵手的情景。在回家的路上，我看到母亲双手提着很多东西，对她说："妈妈，我来帮你提一半吧。"母亲总是说："小惠美还没长大，妈妈自己拿没关系的。"母亲这样说让我很高兴，那种感动我至今仍然还记得。

可我还是想帮母亲一把，想帮她提东西。我再次恳求她：

"没关系，让我帮妈妈拿一些吧。"她拗不过我，总是挑最轻的东西给我。

那个时候母亲的手干燥、粗糙，到处都是皲裂。那是一双布满了艰辛的手，一双比什么都重要的手，现在的我真想与母亲一起分担生活的艰辛和重负。我爱母亲，就连她的辛酸我也想去爱。

从今而后，我要放下不必要的包袱，轻松自在地做自己真正想做的事情。

过于美化父母

说起对父母的憎恨，我最近有些新发现。

我有一个很要好的妈妈友[1]，叫麻美（化名）。与我对母亲抱有仇视、怨恨和害怕的感情相反，麻美给她的母亲贴上了过于正面的标签。在她看来，自己的母亲是非常好的妈妈。

就像我对母亲存有偏见而倍感痛苦一样，麻美也因为对母亲的看法太过积极而备受育儿之苦。麻美说："妈妈为我们付出了那么多。与她相比，我为自己的孩子做的事情远远不够，孩子有我这样的妈妈真可怜。"她一直有强烈的自卑感和负罪感。

---

[1] 因为孩子在一起玩而成为朋友的妈妈们。——译者注

◎ 解说

对他人的愤怒、仇恨、恐惧和悲伤等负面情绪会形成心理负担、心理牢笼和心理伤害，然而我们对此却毫无察觉。

当人们在人际交往中受到伤害、在生活中遇到困难时，他们没有意识到这是由悬而未决的心理问题引起的，往往会把责任推到别人身上。有的时候他们也会感到自责，认为"都怪自己的性格不好"，但真正的原因并不在于性格。

很多人"不喜欢自己""自我认同感较低"。对他人（父母等）的愤怒和仇恨是他们产生这种感觉的原因之一。否定自己和否定他人是同一枚硬币的正反面。如果不解开心结，那么即使你努力地尝试"肯定自己"和"爱自己"，获得的效果也相当有限。你无法做到在否定他人的同时去肯定自己。

惠美治愈了自己最大的心灵创伤，所以她感受到整个生活都发生了变化。这个道理同样适用于其他人。

有的人对别人怀有愤怒和蔑视的情绪，有的人却刚好相反，他们认为别人"比自己好""与自己不同，非常厉害""没有了他，我不会幸福"。这种过于仰视他人的想法也会给他造成心理负担、心理牢笼和心理伤害。因为当我们仰望他人时，就会以那个人的价值观来评判自己。以麻美为例，她的母亲花费了大量时间与精力来培养孩子，全身心地扑在了孩子身上。这说明对麻美的母亲来说，养育孩子比任何其他事情都有价值（对她来说是真正重要的）。而麻美没有花费那么多时间与精力在育儿上，这说明对她来说，育儿之外的其他事情，例如个人爱好、工作、与其他妈妈们的交往等也很重要，所以麻美才将时间与精力花费在这些事情上。

我们追求在自己看来是最高价值的事，才是对自己、对周围人做出的最大贡献。麻美没有像她的母亲那样全身心地扑在育儿上，孩子说不定会因此而独立，她的丈夫说不定会因此而参与到育儿中，麻美自己也可以减轻抚养孩子的压力和疲劳。而麻美就此判断自己做错了，说明她否定了自己的价值观，用母亲的价值观来评判自己。

当我们以他人的价值观来评判自己时，带给自己的往往是罪恶感、自卑感和愤怒；以自己的价值观去评判他人时，往往会对他人感到不满和愤怒，导致人际关系变得紧张。

麻美仰望自己的母亲，导致她对自己的评价过低，缺乏自我认同感，出现了自卑和自我否定的情绪。当我们仰望他人时，会在无意识中贬低与之相反的人。在麻美的案例中，她仰望为孩子付出了很多的母亲，她觉得自己也应该跟母亲一样，可她偏偏做不到，所以才会感到非常痛苦。同时，当她看到别的妈妈没有把时间和精力放在孩子身上时，麻美就会从内心蔑视她、攻击她。麻美给自己增添了沉重的负担，告诉自己"我不可以做这么糟糕的父母"，然后又因为自己做不到母亲那样的程度而深深自责。

在没有解开心结的前提下，你即使努力去肯定自己或他人，也不会获得很好的效果。但如果你从根本上解开了心结（否定自己和他人的根源），你就会自然而然地以肯定的态度对待自己和他人。

无论是对他人的愤怒、恐惧还是蔑视等负面情感，还是仰望他人这种过于积极的情感，都可以随着你心结的消失而消失，你便可以获得心灵的自由。

育儿方面的变化

在育儿方面，我也发生了很大的变化。

通过心理咨询课程，我对母亲的愤怒和悲伤情绪消失了，这时我才明白把母亲当作"施暴者"的想法本身是一种幻想。那一瞬间我也不再是施暴者了。从那一刻起，我的育儿工作变得非常轻松。

以前我一直认为"如果原谅了妈妈，自己也会变成像她那样"。我担心自己成为施暴者，害怕女儿跟我一样遭受伤害。我心里一直有恐惧感，所以当我生气并训斥孩子，孩子因此哭泣的时候，我会感到非常不安。

我的内心在不知不觉中创造了一个等式，上面写着"把孩子弄哭的我＝还不如死"，这让我感到过度焦虑和不安。因为母亲没有无条件地爱我，所以我也无法无条件地爱我的孩子。我很讨厌这样的自己。

我明白了，之前我无法像现在这样爱女儿的原因之一是我嫉妒她。我无法从父母那里得到无条件的爱，我很孤独，而女儿却可以向我们撒娇索要更多的爱。丈夫和其他大人都非常疼爱她……我在感激他们对女儿好的同时，也在嫉妒女儿。

还有一个原因就是我愿意相信母亲的育儿方式是正确的，以此来维护母亲。这就是我对母亲的爱，尽管这种爱是扭曲的。我想通过这种方式来肯定被那样的父母养大的自己，肯定自己的人生。

结果，尽管我坚信自己永远不会像母亲那样抚养孩子，但是我却经常对孩子重复父母对我做过的那些事情，并努力劝说自己"这样做是正确的"。

我之所以对孩子重复父母对我做过的那些事情，是因为我想让父母明白"我被你们伤害了，我非常痛苦"。我心里还有一个愿望，那就是想让父母向我道歉，告诉我"对不起，曾经让你如此痛苦"。但当时我完全没有意识到自己的心里有这样的想法。正因为不了解自己，所以我们无法阻止自己。

我们的社会中有一种强烈的倾向，人们总是指责父母错误对待他们的孩子。但是在我看来，很多父母都曾经有过错误对待孩子的行为。这样的父母缺少被关爱，他们的内心充满了悲伤、孤独、愤怒、嫉妒和内疚。他们需要的是人们去理解他们的内心，帮助他们，而不是指责他们。

小学一年级就存在的负罪感消失了

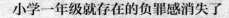

每当我看到女儿与她的朋友沟通不畅时，我就会很揪心，忍不住想去干预她、帮助她，因为我有深深的负罪感。

在小学一年级的时候，我和最好的朋友裕子（化名）吵架了，之后我总会刁难她。我对她的负罪感一直藏在心底。那段往事我很少会想起，但是当我看到女儿时，我就会想起裕子，想起我对她做过的事，并感到自责，然后我开始焦躁不安。这一点直到现在我才意识到。

裕子的妈妈对她有些保护过度，因为裕子自小体弱多病，所以她的妈妈近乎神经质地担心她。与之相对的是，那时我的母亲已经不怎么关心我了。我上小学时，母亲突然变得失魂落魄，可能是想起了外婆去世时的事情了吧。得不到母亲关心的我非常羡慕裕子，我很喜欢她，可也嫉妒她。

我生她的气，对她冷嘲热讽。因为她拥有我没拥有的爱，所以我刁难她。我企图通过这种方式来逃避那个内心充满羡慕和嫉妒的悲惨的自己。我想用怨恨来掩盖自己无法得到父母关心的孤独，哪怕片刻也可以。

我对裕子的冷嘲热讽重现了我与母亲之间的关系。

"妈妈为什么对我说这么恶毒的话？"

我想得到答案，于是我扮演了母亲的角色，斥责了裕子。我在无意识间将自己与裕子重合在了一起。我想站在母亲的角度来感受这件事。

在我的内心深处总有一个这样的声音："我是个坏孩子！妈妈就应该生我的气！妈妈是对的，所以我必须要惩罚自己。"我通过伤害裕子来伤害自己、惩罚自己。

"我伤害了她，做了坏事，我也对不起她的妈妈。"这份让我背负了27年之久的愧疚，在心理咨询课程结束之后彻底消失了。

因为我的冷嘲热讽和刁难，裕子和我的关系越来越疏远。进入社会后，她边上班边做音乐。她在音乐的道路上不断前行，并遇到了很多志同道合的朋友。她的母亲是一位钢琴演奏家，所以裕子对音乐的追求对她的母亲来说也是一件非常欣慰的事。

当时的我并不知道，就像我被父母放任不管而感到孤独一样，裕子也因为母亲的过度保护而苦恼。我想她肯定也很羡慕我。如果我们两个一直是好朋友，那么出于叛逆心，裕子可能不会走上和她母亲一样的音乐道路。

在与我闹僵的第二天，裕子请了一个星期的假。

对于用尽力气也无法与周围同学和谐相处的她来说，这段时间的休息很有必要。因为体弱，所以人们关注的只有她的身体，但是她真正希望被关注的却是她孤独的内心。这一周她得到了家人的很多关爱，在未来，家人也将继续关注她的内心。因为与我关系的破裂，她得到了自己真正想要的母亲的关心。

以前我一直认为自己伤害了她，但事实上我的行为却是她人生的馈赠。

化解了内心的负罪感后，看到女儿和朋友吵架，我的情绪再也不会像以前那样激动了。现在的我可以慢慢体会到女儿的想法，跟女儿相处时也变得更加轻松豁达。解开了心结之后，我开始感受到童年快乐的回忆和情绪。在那之前，我一直压抑着自己而不自知。

现在，和女儿们一起散步看到路边的野花时，我就会想起当年与裕子一起玩耍时的美好情景。

积极影响和消极影响缺一不可

以前，我从女儿的口头禅、行为和她身上散发的气息中仿佛看到当年的母亲和幼小的自己，于是心情变得很糟糕。为了对抗这种讨厌的情绪，我告诉自己必须好好疼爱女儿，我一直为此而努力。

现在我的这种想法完全改变了。我明白温柔和严厉对我们来说缺一不可，于是我对严厉母亲的怨恨变成了爱。我似乎明白了育儿的真理。

是的，没错，我终于明白了！女儿给我带来了磨炼与考验，我爱这样的女儿。爱并不像很多人想象的那样只有温柔和温暖。它既"温柔、温暖"又"严厉、冷酷"。明白了这一点后，我便很乐意接受残酷的考验。

"无法去爱的悲伤"和"爱的喜悦"，两者同样重要。我很庆幸女儿可以让我感受到被爱的快乐和不被爱的悲伤。养育女儿的过程中，她教会了我这个道理。

女儿1岁的时候，我抱着她，觉得她好重。她现在6岁了，体重是1岁时的两倍，但是我抱起她来却觉得好轻。女儿以前不太敢对我撒娇，但是现在她已经不再那么拘束了。我想原因大概是尽管以前我对女儿有很强的内疚之情，但并不喜欢她撒娇，而现在我却觉得撒娇的女儿很可爱。

现在，即使想到育儿的辛苦，想到作为母亲的辛苦，我的心也是温暖的。我的内心已经不再有负罪感，也不再对自己感到失望。

心理咨询课程结束的两天后，女儿对我说："感觉妈妈的状态好多了，变得爱笑了。"

现在，我发自内心地感到孩子是独一无二的宝贝，我为她感到骄傲，我爱她。我觉得今后我可以遵从自己的内心，从容地抚育孩子了。

33岁的时候，我终于摆脱了对妈妈的执念，真正做到了自立。

◎ 解说

在社会中，我们理所当然地把人分为施暴者和受害者两类，并且对施暴者予以谴责。我们相信，如果不这么做，他们就会作恶。然而，这种评判和罪恶感既束缚了别人，又束缚了自己。其实我们还有更好的方法让自己的人生更自由。

罪恶感蒙蔽了我们原有的光辉，抑制了我们原有的善良，让我们产生了很多愤怒。例如，虐待孩子的父母会对孩子产生强烈的负罪感，他们会从心底否定自己。当他们消除这种负罪感时，就摆脱了虐待孩子所带来的精神折磨。这时他们才能释放自己的爱，向孩子表达爱。

这里有一个悖论。我们都拥有等量的积极因素和消极因素。无论被看作邪恶的人，还是被看作善良的人，无一例外。我们视一个人为坏人或好人，都只看到了他的一个侧面。例如，曾经对你非常严厉的人，他促使你自立、自强、自爱，帮助你交到朋友，教给你人生道理，助力你的人生获得成功。那么这就是温暖友善的行为。反过来，对你说话和颜悦色的人，也可能导致你性格软弱，容易依赖他人。那么这就是残酷无情的行为。

悖论指的是，你越是否定自己的消极部分，强迫自己抛弃消极因素，只专注积极部分，那么最终你的行为往往反而会变得消极。反过来，只要你接受自己同时具有积极和消极的两面性，爱这样的自己，那么你反而不会去做消极的事情。德马蒂尼方法和深入的心理治疗可以帮助我们实现这种转变。

在子女成长过程中的内心斗争

孩子在不断成长，他们不久后便会离开父母自立。对此，父母也会有一种矛盾的心情。

我一方面不耐烦地希望女儿快快长大，这样可以减轻我育儿的负担；另一方面，想到孩子离开家之后，自己会变得空虚孤独，于是我也渴望用孩子的爱来证明自己存在的意义。我一直在这种矛盾的心理中左右为难，我既想要孩子离开，又想要孩子陪着自己……

"孩子长大成人之前，父母都是很辛苦的。"

"孩子还小，父母都是这样想的。"

"孩子转眼就长大了，现在正是最可爱的时候。"

"偶尔有点自己的时间，转换一下心情也不错。"

在我的育儿过程中，这种建议和育儿书中的方法并没有起到多少作用。我一直处于矛盾之中。但是从根本上化解内心的痛苦后，我便有了更多的时间陪孩子一起成长，同时让自己的人生更丰富，我矛盾的心情也逐渐消失了。我想这一切的转变都是因为我的内心变得更加包容了。

现在的我看不够孩子灿烂的笑容。现在的我能感受到数倍于以前的爱。

与家人关系的变化

我的姐姐一直隐藏真实的自己，她扮演一个乖孩子，我很看不惯她。

我因为姐姐对自己女儿（我的外甥女）的所作所为而感到不舒服。她看似为女儿着想，但她的内心有一种恐惧感，她强迫自己"不要重蹈母亲的覆辙"。她一边压抑自己的愤怒，一边进行所谓正确的子女教育。看到她这个样子，我心里总是感觉很别扭。

当看到外甥女小心翼翼地观察我姐姐的脸色时，我就想起了我们小时候姐姐看母亲脸色的样子。我感到了一种压力，觉得自己必须站出来做点什么。

当时，我对姐姐的行为颇有微词还有一个原因，那就是我想通过这件事将注意力从自己身上转移出去。我甚至还瞧不起她："我在勇敢地接受心理辅导，积极地面对自己的问题，你却什么也不做。"

以前我对姐姐抱有消极情绪，所以我不太喜欢她来我家做客，等她从我家回去后，我会感到很累。然而，参加完心理咨询课程之后，我意识到姐姐为我付出了很多，她在努力让我尽可能地自由成长。于是我对姐姐的感情也变成了爱和感激。

前几日，父亲和姐姐们来我家做客，我没有一丝嫌弃、紧张或疲惫的感觉，我们一起度过了一段愉快的时光。

对小狗塔拉的爱

我对以前喂养过的小狗塔拉感到很自责。我嫌它经常吠叫，总是大声吼它，有时还会打它的头。我把父母对我的伤害复制到了塔拉身上，虽然我知道这样做不对。

"吠叫＝做坏事＝受到惩罚"，这是我从父母身上学到的。我相信这是正确的。那时的我心烦意乱，每天都处于精神紧张的状态。呵斥塔拉、殴打它也是我的一种自我保护的方法。

这是一件多么可怕的事情，塔拉真可怜，我太过分了。

我对塔拉有一种强烈的负罪感，我感到很自责。

以前我也咨询过心理咨询师，并与他一起感受了我当时的情绪。心理咨询师试图让我放下负罪感，宽慰我说"那也是无可奈何的事情"。尽管我当时感到了一丝轻松，然而心中的内疚并没有从根本上消除。

但是，当我参加古官昇先生组织的心理咨询课程小组，勇敢地面对和解决自己的问题后，那种负罪感便从无可奈何、原谅，变成了爱和感激。

正因为我对塔拉很凶，所以姐姐对它格外友善。在塔拉的晚年，我已经结婚搬离了父母家，姐姐经常给我发塔拉的照片，并告诉我它的近况。因为我对塔拉很凶，而且已经离家无法照料它，所以姐姐给了它满满的爱和善意。

我不再感到愧疚了。

自从我转变心理之后，我对塔拉的爱比以往任何时候都更强烈。塔拉给了我太多的温暖。

有一天，父母因为我的事情大吵了一架。愤怒的母亲离家出走，第二天她回家收拾行李准备出去长住。我能听到母亲收拾东西时发出的刺耳声。我能感受到她此刻的愤怒，这让我想起她之前说过的"都怪你们"的话。我一个人蹲在厕所里哭泣，我十分自责："都怪我，妈妈才会离家出走！"我感到非常害怕。我看着被泪水打湿的膝盖，发现塔拉不知什么时候来到了我的身边。

每次我哭泣的时候，塔拉都会舔舐我的脚安慰我。那天我蹲在厕所里，抚摸着塔拉的背，我的内心十分害怕，怕母亲丢下我不管。是塔拉一直在我的身边温暖着我，为我疗伤。

塔拉学东西很慢。我嫌弃它，认为它是一只笨狗。但它能够灵敏地感知人的情绪，给人带来温暖，使人与人的关系更亲近。真是个可爱的小家伙！

这不就是我吗？我不如姐姐聪明，不如姐姐优秀，所以我总是很自卑。在我的眼里，我与塔拉的形象重叠在了一起，我嫌弃自己，所以也嫌弃不聪明的塔拉。但是，现在我的自卑感消失了，我知道我也可以像塔拉一样感知别人的情绪，温暖他人，使人与人之间的关系更亲近。

正因为我发现了我对自己的爱，才能够感受到自己对塔拉的爱。

爱对身体的馈赠

在职场中，我曾经出现过急性焦虑症。

有一天，上司因为同事的工作失误而大发雷霆，他怒吼道："上司的话都不听了是吗？"怒火中烧的他甩门而去，在上班时间开车离开了公司。

这位上司是个脾气暴躁的人，经常怒骂员工。现在想来，我发现自己喜欢在受到打击的同事中充当"微笑调解人"。原因大概是我把上司的形象与母亲重合，在无意识中相信"只要我微笑地忍受下去，就能维系家人之间的关系"。

当上司开车飞奔而去时，我的脑海中闪过了母亲离家出走时的场景。

"都怪我，妈妈才离开的！"

强烈的不安向我袭来。但是那一瞬间，在同一办公室上班的上司的妻子突然呼吸急促起来。我马上警觉："我必须挺住！必须保护好她！"这样想着，我不可思议地冷静了下来。

第二天上班后，上司没做任何解释，也没有向那位员工道歉。我非常生气，心想"你给我们带来这么大的困扰，却没有丝毫歉意！难道以后都当作什么事都没发生过吗"，我感到非常无助，很自责。我越想越气，最后呼吸困难，晕倒在地。就在意识模糊的时候，我清楚地认识到"这是自己与母亲关系的重现，我必须认真面对这个问题了"。

那件事之后，我辞职了。以后的日子里，每次我经过那家公司附近，心里都会感到悸动、不安和焦躁，然后就是莫名的内疚。但是，我觉得最辛苦的是自己一直扮演"好人"的角色。尽管这是我的选择，但除此之外我找不到自己的存在价值，我很痛苦。

在婆家我也努力扮演着"好媳妇"的角色。如果他们知道我因为惊恐发作而辞职，恐怕会把我看作一个内心脆弱、怯懦无能的人。我害怕他们知道真相。但事实上，当我哭着告诉丈夫自己因惊恐发作而不得不辞职时，丈夫和他的家人反而更关心我了，我们的关系变得更加亲密了。

因为我打开了心扉和他们交流，所以看起来很完美的婆婆也向我倾诉了她的烦恼。其实婆婆也有着无法愈合的心灵创伤。一直以来，我都渴望有一个像婆婆一样完美的母亲，同时也在无意识中要求自己必须像她那样完美。我因为无法做到而感到自卑。当我知道完美的婆婆也有心结的时候，我如释重负。我可以不必勉强自己追求完美了。

那次惊恐发作后，我开始调理自己的身体，并迎来了我的第二个孩子。不过，如果我的那位上司性格温良，没有导致我惊恐发作，我还可以像平常一样上下班，那么我或许不会选择生下第二个孩子。

面对自己是一件可怕的事情。那次事件之后，我意识到必须解决自己与母亲之间的关系了。我一点点做好了直面问题的心理准备。无论是原上司的暴怒，还是我的那次惊恐发作，这些因素都让我更加珍爱自己，做真实的自己。更重要的是，因为这些事，我拥有了第二个孩子。孩子是我生命中的礼物，我感激那位上司，也感激我那次惊恐发作。

离开那家公司后，我一直感到愧疚："每个人都在受苦，唯独我自己逃离了那里，真的对不起大家。"之所以这样说，是因为在工作中，我总能感受到上司夫妻的心理创伤。但是，即使我当作什么事也没有发生，仍留在那里工作，也没有谁会因此变得幸福。

现在，当我再经过以前公司附近时，我不会再感到悸动、不安和焦躁了。看到停放在公司门口的同事们的汽车，我甚至感到有些温暖。

非常感谢迄今为止发生的所有事情。现在我明白了，我会在职场中感到拘束、不安、痛苦，都是因为我没有处理好跟母亲的关系。与母亲的关系改善之后，我明白了一个道理：活出真实的自我，对方也会因此而幸福。

夫妻关系的变化

以前的我常常因为丈夫的言行举止而暴怒。我总是训斥他："为什么不这样做？""通常来说难道不应该这样做吗？"

现在我明白了，我之所以把自己的观点强加于他人，并肆无忌惮地向他人提出要求，随心所欲地控制他人，都是因为我想要感受无法从父母那里获得的爱。我还想通过愤怒来考验丈夫是不是真心爱我。我抑制不住地想要考验丈夫对我的爱，于是我故意去伤害他。"我就是如此恶劣的一个人！即使这样你也爱我吗？"我伤害他，但同时又怕失去他，所以我又讨好他。我在截然相反的情绪中摇摆不定，内心疲惫不堪。

然而，无论丈夫怎么顾及我的想法，我都无法满足，总是对他不停地抱怨。我把对母亲的怨念转嫁到了丈夫身上，无法控制的愤怒席卷而来。除了愤怒，还有无论丈夫怎么做我都不会满意的空虚感。

"对我来说，只能建立这样的夫妻关系了，就像我那不和睦的父母一样。"我对自己失望至极。

与此同时，我感到对丈夫很愧疚。和这样的我结婚，他就像抽中了下下签，被我骗到了婚姻的围城里。我向丈夫和盘托出了我内心的痛苦。我们选择共同面对问题，一起想办法，共同分担烦恼和痛苦。丈夫给了我很多关怀和鼓励，但是对于他的支持，我产生了负罪感，和我这样没用的人在一起，对他来说实在很抱歉。

有时丈夫会陪着我一起去接受心理治疗。我逐渐放松了下来，但当愤怒暴发时，我仍然控制不住自己，我感到非常无助。然而，自从我参加完心理咨询课程后，一切都变了。

一直向别人索取爱的我，也有能力爱别人了。我的执念和嫉妒心完全消失了，我能够纯粹地和丈夫一起感受喜悦和快乐。我们两个人都倍感轻松，回归了理想的夫妻状态。我对日常生活开始抱有感激之情，而这些事情在以前的我看来，都是稀松平常，不值一提的。

例如，现在的我会因为丈夫每天都会回家而心存感激。童年时，我很担心父亲什么时候会抛弃我们离开这个家，每天都生活在极度不安中。每天回家，大家围坐在餐桌旁一起吃晚饭。这件事情看似再正常不过了，但对那时的我来说却像奇迹一样。

正是因为小时候目睹了父母的痛苦，所以我才会对平凡的日常生活充满感激；正是因为苦难，我才能在日常生活中感受到光明，才能把人生过得更精彩。这些经历弥足珍贵。

当我写下这些的时候，我的丈夫正在大众浴池里享受着独处时光。以前，这种时候他会感到内疚，会担心家里的情况。但是自从我参加了心理咨询课程之后，我的内心得到了满足，情绪更稳定了，所以他可以毫无挂念地放松一下了。他说这是迄今为止最轻松的一次游玩。听到他这样说，我也很高兴。

以建议为导向的心理辅导

我过去常去本地的一家心理咨询室寻求帮助，那里的心理咨询师会给来访者提出建议。当时他建议我和母亲在生活中保持一定的物理距离。

那个时候，我的身边没有人给过我这样的建议。一直以来我的感觉是"虽然作为子女需要尽孝，但是我和母亲在一起感到非常疲惫，每次见面都很痛苦"。心理咨询师能体谅我的心情，我很高兴。但现在我知道，那个建议其实让我很伤心。"我以为咨询师会理解我，但他并没有真正地理解我。"

我装作很高兴的样子，试图掩盖当时的悲伤情绪。我很期待他能理解我"无法爱上母亲的痛苦以及生活在这个世界上的负罪感"，但是我的期望落空了。

我仰望那位心理咨询师，在我看来，他是个优秀的人，也是一位出色的心理咨询师，我在无意识中用他的价值观评判了自己。但因为这件事，我不再完全信任他，去他的咨询室也会感到很局促。我假装向他吐露了真心，但实际上我仍然无法说出心底的话。

如果那时我被动地按照他的建议疏远了母亲，那么我肯定会被由此带来的负罪感而压垮。

心理咨询师提供建议的行为从表面上来看很贴心，但是这种行为向来访者强化了"对方说的是对的，自己的想法是错的"的信念，会导致来访者愈发依赖别人，继续向外部寻求答案。从这个角度来看，这是很残酷的行为。但也正因为如此，我听到了自己内心越来越大的声音："不是这样的！不对！不对！""我怎样才能从这种痛苦中解脱出来？怎样才能自由呼吸？我现在的经历肯定会对一些人有帮助，可是怎样才能帮到他们呢？怎样才能让他们从痛苦中彻底解脱呢？"

正是因为我意识到心理咨询师的建议无济于事，所以才开始重视自己内心的声音。我开始寻找能够自我救赎的东西，不再去那种只给人提供建议的心理咨询室。

后来，我偶然参加了古官昇老师主办的心理课程，在他的帮助下，我终于将痛苦转变为了爱和感激。在与之前那位咨询师接触的过程中，我从善意中感受到了严酷，从严酷中感受到了善意，我们互相都在对方身上学到了很多。

咨询师自身尚未解决的问题

那位咨询师是在一个非常恶劣的家庭环境中长大的，自小饱受虐待之苦。"能活下来已经是万幸了。"他一直以来都怨恨着自己的父母，总是将自己看作受害者。

经过心理咨询课程的疏导，我感受到了爱和感激。数日后，我拜访了那位心理咨询师。我告诉他这几天在心理咨询课程中的收获，说到动情之处我喜极而泣。他很为我高兴，他说："真的太好了！你终于做了自己一直想做的事情，真是太棒了！"尽管他看起来很高兴，但我从他的眼睛中感受到了落寞。

我对他说了那时没能说出口的感受。我告诉他，我为当时无法说出自己的情绪而感到抱歉。我还告诉他，当我愤怒时，他没有很好地与我共情，所以没能察觉到我的愤怒，我曾因此迁怒于他。如果那时我能和他成为朋友，便可以与他真诚地谈论这些事。

心理咨询师自身都没有跨越的障碍，来访者更是难以跨越。因为心理咨询师总会把自己的内心想法传递给来访者。

那位心理咨询师并不能从根本上解决我的心理问题，但他给了我人生必要的馈赠。因为和他的这段缘分，我能够朝着自己真正想要的方向前进，最终实现了自己想要的目标。

我想对他来说同样如此。他要抚养几个年幼的孩子，现在正是最辛苦的时候。从他的话中我能感觉到他抚养孩子的艰辛。这种艰辛源自他与父母之间尚未解决的感情纠葛。抚养孩子的过程经常会勾起他自己童年的不幸回忆，他经历了各种内心挣扎，顽强地坚持了下来。在这期间，他遇见了不再把自己当作受害者的、内心充满爱和感激的我。这给他的人生增加了更多的选项。无论他是否选择这一项，这件事本身对他都产生了很大的影响。

对于那位心理咨询师来说，他和我的关系将会以一种无形的形式存在下去。从更深层次的意义上说，我们的相遇并不是错误的或失败的。这条路看似迂回绕远，却是到达目的地的必经之路。

心理咨询时要积极主动，不可消极被动

当我们遇到困难时，接受心理咨询是一个明智的选择。心理咨询师的能力或许有强有弱，但咨询从本质上来说是一种人与人的关系，所以建立并加强彼此之间的关系才是弥足珍贵的。

因为难以相信别人所以去进行心理咨询，结果咨询后发现自己更难相信别人了，这是我们都不想看到的。所以心理咨询师和来咨询者都应该秉持谦逊的态度。如果能互相尊重，你们之间的关系也会发生变化。无论是心理咨询师还是来咨询者，态度一定要主动积极，在两人之间构建良好的关系。被动等待对方的给予是错误的。我会在今后的生活中珍惜这份感悟，勇敢地走下去。

我们在不断重复同一种交往方式

我一直茫然地思考，为什么解决了与某个人的问题后，其他问题也都会迎刃而解呢？

我们因所爱的人而受到伤害，并感到痛苦。当我们与其

他人交往时，这种感受便在不断复制。我们总在询问"为什么？怎么会这样"，我们因珍视的人而遭受痛苦，但我们却一遍又一遍地重复着同样的人际关系。

这就像一个有过不幸经历的孩子，在"过家家"的游戏里，一点点地梳理自己的感情。据说经历过战争的孩子，会通过战争类游戏来整理自己在经历这些事时的情感。我觉得与父母之间有过感情创伤的孩子也是如此。

我的大女儿经常与她的玩具娃娃们玩"过家家"游戏，她给玩具娃娃们分配母亲和女儿的角色，以此来回味自己的感情体验。她不带任何感情色彩地把自己当成玩具娃娃来看待，她有时会扮演母亲的角色，对玩具娃娃女儿说："不收拾干净可不行！"

我在小学一年级的时候，向朋友裕子倾诉了自己对母亲的感情。大女儿的"过家家"游戏与我的这个行为很相似。我觉得她在通过游戏再现自己的内心，创造出诸如"有这样的妈妈就好了""如果自己能变成这样就太棒了"的幻想，一边游戏一边安慰自己，整理和消化自己的情绪。把自己当作玩具娃娃，与自己保持一定的距离，这样我们的内心可以变得更加平静，随心所欲地摆弄玩具娃娃可以让我们倍感放松。

人与人之间的互动

人在交往的过程中会受伤，但人也希望通过与人交往来治愈伤痛。

在心理咨询课程中，咨询师给了我很多鼓励和支持。因为他，我才能够正视自己的伤痛。你以为的伤害其实是为了彼此的成长而发生的事情，无论是被人伤害还是伤害别人，所有的这一切都变成了一段充满爱的故事。与人交往的大多行为都是爱或被爱的表现。

与生命中重要的人之间爱与被爱的故事，今天仍然在重复着，而我也在觉悟着，并一点点地回味着。我勇敢地面对与母亲之间的痛苦经历，对她的感情由怨恨变成了爱和感激。在此之后，我对生命中重要的人的感情也都发生了变化。

对自身看法的改变

以前的我发现自己哪个地方像母亲时就会否定自己，但是现在我一想到母亲却感到很温暖。我不再在意自己的负面情绪，也越来越少地因为孩子而出现情绪上的波动。

过去，我总是莫名地会惹别人生气，这似乎已经刻在了我的行为模式中。当我还是孩子的时候，无意识中就会惹母亲生气，这也是我参加心理咨询课程时发现的问题。我为什么要惹母亲生气？因为母亲有时会独自进入一个幻想的世界，我非常讨厌她这一点。她试图通过幻想的世界来逃避现实，可是每当发火时，她就又会回到现实世界。我希望她不因过去而悲伤，也不对未来感到悲观，只在此时此地守护着我。我希望她能从幻想的世界走出来。我在无意识中将惹母亲生气的行为复制到了别人身上。

以前的我曾为自己的女性身份和外在形象感到骄傲。这是自卑的我唯一感到骄傲的地方。然而，这些年来，我发现自己长得越来越像母亲。我无法接受这一变化。尽管我的外在形象还不错，但在内心深处我一直对自己的女性身份和容貌抱有复杂的感情。而现在我为自己的女性身份而高兴，为肖似母亲而开心。

现在的我可以做到自我肯定了，是的，我的这些特点让我活得更加真实。以前的我总是提心吊胆、战战兢兢，看着母亲的脸色行事。正因如此，我很擅长观察人的微妙变化。

口吃也给我带来了很多积极影响。为了掩饰口吃，我开始扮演乖巧可爱的女孩；我努力表现出开朗、温柔；我养成了良好的习惯，每次说话前都要认真思考应该如何组织语言；当别人想表达，却无法很好地用语言来表述时，我总能够理解他们的心情。这是一种很重要的能力，它对于敏感察觉自己内心的变化，用语言表达出来，并以文章的形式记录下来，传达给他人来说不可或缺。

要培养这种能力，给人留下开朗温柔的形象，需要吃很多苦，但这也造就了现在的我。我怀着谦卑和感恩的心，享受它们给我带来的丰富多彩的生活。现在的我能够跟人正常交谈，这让我无比幸福。

为了活出真实的自我，我带着口吃的特点出生了。周围的环境如此，父母姐妹如此，与我们相遇的人如此，今后将要遇到的人也同样如此。所有发生的点点滴滴，都值得我用爱去一点点细细品味。

对我来说真正重要的东西

以前的我不太明白对我来说真正重要的东西是什么。但参加完心理咨询课程后，我终于找到它了。那就是：①内心轻松愉悦的成长；②参与他人的成长；③人与人之间的关系。

创造表达真心的场所

初中时期我曾用剃须刀割过腕。我现在明白了，当时的我只是把割腕当成了一种手段。

我所在的社团，成员之间的关系不好，社团的氛围非常差。每天的社团活动都要拖到很晚才能结束。我想打破那种气氛，于是通过伤害自己来传达给他们一个信息——"不要再让别人伤心了！"

得知我割腕后，社团成员聚集在活动室里，讨论如何处理这件事。他们围坐在冰冷的瓷砖地面上，气氛异常凝重。

活动室里鸦雀无声，只听到远处棒球队的呼喊声。每个人都垂头丧气，一个个地谈了自己的想法。

"没想到我的行为会让她那么痛苦。"

"母亲好不容易才生下我们，希望我们都能珍惜自己的身体。"

"如果感到困扰，大家可以和其他人交流。"

活动室成为我们畅所欲言、表达自己真实情感的场所。这次相聚让大家敞开了心扉，开始关心彼此，加深了社团成员之间的友谊。我的割腕举动让大家的心聚在了一起。

参加古宫昇先生的心理课程后，在某一刻，各种回忆的点突然连成了线。我很惭愧，直到现在我才发现，一直以来被我忽略的生活点滴恰恰表现出了我的人生目的、秩序和主线。初中时期的这种原初体验让我感受到了"现在就想立即行动"的热情。

母亲们可以表达真实感受的场所

有一段时间，女儿每天都在托儿所里哭闹，给其他人带来了很大的困扰。那段时间我也因为各种情绪问题而烦恼不已。无论是对我还是对女儿来说，那都是一段痛苦的时期。

环顾四周，我能感觉到自己的孩子和身边的其他孩子们都有各种烦恼，而这些都与父母内心的那个伤心的孩子有关。但这是一个无意识的存在，所以没有人注意到它。

我想改变这种状况，想改变自己。我鼓起勇气对女儿班上的其他母亲说："我们要不要围成一圈好好聊聊呢？"我哭着向其他母亲传递我的想法："我害怕别人异样的眼光，无法真诚地与人交往。这样的我在抚养孩子时感到非常痛苦，但为了孩子我要改变自己。我想从'母亲'的身份束缚中挣脱出来，以一名女性、一名普通人的身份与你们聊聊。"大家听到我的话之后，纷纷报以温暖的笑容。

从那以后，无论是大人之间，还是孩子之间，我们的关系变得更加融洽，气氛也好多了。所有人围成一圈，畅所欲言，创造出了可以吐露真心的"氛围场"。

有一位名叫纯子（化名）的母亲，她只参加过一次母亲们的恳谈会。她与父母之间一直心存芥蒂。我和她只聊过一次，大约一年半后我们再次偶遇时，她告诉了我她的故事。

她不习惯育儿生活，与父母的关系也不好，常常因为这些事情而发怒，好几次都感觉自己的情绪已经到了极限。那次恳谈会让她有了勇气，她为自己的内心筑起了"防波堤"，夫妻两人一起努力，终于克服了眼前的困难。

她告诉我："因为我认为即使发生了最坏的情况，你们也会支持我，所以我坚持了下来！"

当时，我和母亲的心结还没有解开，并不觉得自己的经历和感受可以帮助别人。我甚至很后悔，认为自己说出那些话可能会对别人起到不太好的影响。

通过这件事，我明白了一个道理："没有经验也没关系，我们把现在能做的事情做好就行。当时看不到的积极因素，肯定会在未来的某个时间产生积极影响。"

我真心想做的事情

就像纯子和我们的关系一样，即使身处不同的空间，即使时间流逝，当时的场景所产生的影响仍会延续下去。即使我们不再见面、不再互动，仍有一种无形的力量维系着我们的关系，彼此的关系仍会继续下去。

场景存在于人与人之间。真实的我和真实的你相遇，我们之间就出现了场景。纯粹的交流是美好的，这种交流影响着在场的每个人。所有人相互共情，相互帮助，携手前行。

我可以在场景中切实地感受到，我们就是那样的存在。尽管有时我们会遇到棘手的问题，有时难以做到相互理解，但是在这里我们相互鼓励，不断积累经验，使我们的心更加坚韧。

我曾经看到母亲独自坐在窗边，她为了排遣空虚而把自己关在了幻想的世界里，脸上挂着空洞的笑容。这样的母亲令我感到不安、悲伤和无力，我没有办法让母亲开心起来。有过这样的悲伤经历，现在的我喜欢看到女性朋友们坐在一起轻松愉快地聊天。

我想趁着孩子还没长大，陪她们一起轻松愉快地度过这段共同生活的时光；想与大家产生共情，相互鼓励，建立友谊；想向他人分享生活中的美和精彩。因此我想继续怀着感激的心情，一步一步，扎扎实实地尽我所能地去做事。

内心变得平静而轻松

我现在充满了自信，感觉一切都云淡风轻。我的情绪不再大起大落，即使心情不好，也能很快恢复正常。我现在每天都过得很平静。

我不再强迫自己必须为别人做什么。与人交往时，我们彼此都感觉很舒服。我能告诉对方我的真实感受，能够展示真实的自己。朋友们也开始向我倾诉他们的真实感受，我们的友谊更深厚了。遇到美好事物时，我的感受力变强，比以前产生了更多的感动。

以前的我因为过去的痛苦经历，总是扭曲眼前的现实，活在对未来的恐惧中，担心万一发生这种严重的事该怎么办。当抚平内心的创伤，思虑成熟后，我看到的人生景色完全不同了。过去的丰富经历和过去的我共同见证了我的此时此刻。

不是"过去虽然很辛苦，但是没办法"，也不是"过去很辛苦，好在现在很幸福"，而是"正因为有了过去的苦难，现在的自己才倍感幸福和充实"。

看到了人生的美好和精彩

一旦从过去的痛苦中解脱出来，我们就能在混沌的人生中看到美的秩序。

做饭给孩子吃是一件很普通的事情，但这种小事也会让我产生很多内心斗争，做一顿饭就会让我筋疲力尽。我以前一直不明白为什么会这样。我当时并没有意识到，我之所以把自己设定为"受害者"，是为了压制母亲曾经给我的那些很好的记忆。她每天都把我喂得饱饱的，对我很温柔。母亲对我很好，我却生她的气，我为此而感到自责，还因为无法接受母亲的爱而悲伤。

我曾经为自己勾勒出高不可攀的"好妈妈"形象，告诉自己应该怎样做，然而这些都是我做不到的，这不是真实的我。我感受不到养育孩子带来的快乐，我为此感到悲伤和愤恨，我还有一种强烈的自卑感，认为自己是一个坏妈妈。

我一边抚养孩子，一边下意识地压抑着这些情绪，我的大量精力都消耗在内心斗争上，所以做一顿饭就会让我筋疲力尽。

参加完心理课程后，我化解了内心的痛苦。现在我可以客观地看清眼前的现实；能够感受到当下生活的精彩；能够一边回忆过去的丰富人生，一边感受现在的点点滴滴。

"妈妈最喜欢看小惠美吃饭了。"

这让我想起了面带微笑，疼我、爱我的母亲。现在的我既享受着给孩子们带来的快乐，也享受着母亲过去给我的快乐。

前几天，我给母亲发了一张孩子们吃可丽饼的照片，并在信息中告诉她："妈妈你以前也经常给我买可丽饼吃，你说最喜欢看我吃东西的样子。我现在也有了自己的孩子，看到孩子们吃东西时总会想到你当时说的话。现在我为孩子们做的，正如你当年为我做的一样。谢谢你给了我美味的幸福回忆。"

母亲回了我信息："谢谢你还记得那些往事。可是那时候，我真的有些惭愧。妈妈没有工作，总在外面吃饭会有负罪感。现在想来，当年我是全职家庭主妇，没有收入，所以才会感到不安和焦虑。当我看到我的小惠美开心地喂养自己的孩子时，我在羡慕的同时又感到安心。这大概是一种没有焦虑、岁月静好般的安全感吧。看到孩子吃得香，对妈妈来说，这是最开心的事。"

我没想到母亲能如此平静地向我表达自己的感受。母亲正以她自己的节奏，安适地、扎实地向前走着。我很欣慰，我终于能够好好爱母亲了，这让我感到我终于可以毫无负担地爱自己了。

爱真实的自己

所谓的"我"其实是我迄今为止走过的路。爱上这段路的过程，是我除了知晓自己的内在，还认识到周围人的丰富性的过程。无论这段路是艰险的，还是平坦的，不能说它是好的或坏的。因为我们无论选择哪条路，终点一定都是真实的自己。

经历过动摇，经历过迷茫，兜兜转转之后你会蓦然发现：不论你在做什么还是不做什么；不论是有人在压制你，还是你在逼迫自己，你永远都在忠于自己的内心生活着。

我们由内而外散发着耀眼的光芒，为"现在我还活着"而欢欣雀跃。能意识到这些，是我人生中的一大幸事。我们应该接受周围的善意，通过心理课程、心理咨询和心理治疗，解开未解的心结。这样做可以帮助你和周围的人和睦相处、做真实的自己、活出丰富精彩的人生，让你的人生之路更加美好。

每个人走过的路、经历的事、看到的风景，都是独一无二的。抚养孩子让我鼓足勇气重新面对与母亲的关系，努力解开心结，重新做回真实的自己。

这是我的故事，同时也是由孩子长大成人的我们共同的故事。

所有的父母都爱自己的孩子，所有的孩子都爱自己的父母。爱自己就是爱世界。不是世界变了，周围的环境变了，而是你眼中的风景变了。世界真的很美好。

现在可以肯定的是，现在我还活在这个世界上，真好！

◎ 解说

有"当代哲人"之称的德马蒂尼博士说:"没有什么是人类经历后而不会心存感激的。"面对谁而感到愤怒,因为谁而背负心痛,失去谁而感到悲伤、负罪和自卑。我们不要用"原谅"或"无可奈何"等借口对导致我们心灵痛苦的原因放任不管,事实上,这些都可以从根本上解决,爱与感恩正是解决之道。当你的痛苦得以解决,你就真正获得了自由,不受他人的左右,不再动摇。你将活得更加轻松,你的人生将更加光明璀璨。

结

语

人际关系是彰显"爱之本性"的契机

感谢你阅读本书。

最后，我想告诉你一件非常重要的事。我认为人际关系的目的是帮助我们成长。我们越成长，就越能以自己的方式发光发热，感受活着的意义和充实感，赞美并享受人生的丰富多彩，而最能帮助我们实现它的就是人际关系。

例如，比较好理解的关系就是婚姻关系。许多人选择婚姻是因为他们认为结婚会让自己获得幸福。然而婚姻里并不全是幸福，所以他们有一天会大失所望。"不应该是这样啊""我没想到他是那样的人""结婚后，他变了"……

婚姻的目的不是幸福，而是为你的成长提供更好的机会。与他人建立长期、亲密的关系就是你最好的成长机会。

这种机会可以让潜藏在心底的、过去的伤害在无意识间浮出水面，让你可以认真面对它、治愈它，从而改变自己。

怎样理解"让过去的伤害在无意识间浮出水面"？

如果你不认可自己的价值，那么你就会与不珍惜你的人结缘。例如你的爱人会粗暴地对待你，你的自卑心理便会通过这种形式表现出来。你会认为爱人的言行举止没有考虑过你的感受。

如果你总是优先考虑别人的需求和期待，不去关爱自己，那么总有一天你会疲于应付爱人的期待和要求，感到身心俱疲。不爱惜自己，总有一天你会彻底崩溃。

如果你感到自责，那么你的爱人也会责备你。或者，你的爱人并没有责备你的意思，可你总觉得他在责备你。

如果你害怕自由，过着束手束脚的生活，那么你的爱人也会想束缚你。那时，你就会心生不满，认为"都怪他，我才无法随心所欲地生活"。尽管你也在试图束缚你的爱人。

跟前文中婚姻的案例一样，**所有人际关系的目的在本质上都是相同的，它们都在为你的成长提供机会。**

人际关系帮助你发现你内心的痛苦感受和信念。在这个意义上，它是严酷和冷漠的。但是人际关系又帮助你了解自己内心的痛苦感受和想法，给你提供疗愈的机会。人际关系也能帮助你治愈自己和改变自己。在这个意义上，它又是和善和温暖的。

当你用"严酷和冷漠"与"和善和温暖"来疗愈你的痛苦，慢慢成长后，你会发现自己回归了真正的自己，能够闪耀充实地度过多姿多彩的每一天。所以，我们既需要严酷和冷漠，又需要和善和温暖。不论什么时候，如果有人给你严酷和冷漠，那么肯定也有人给你和善和温暖。

我们常常把给我们严酷和冷漠的人称作"坏人"，把给我们和善与温暖的人称作"好人"。然而实际上，这两类人对我们的成长来说都必不可少。

人际关系还给我们创造了一个机会，即可以彰显自己爱之本性的机会。无论是帮助别人的机会，还是保持距离不让别人过度依赖你的机会；无论是温暖安慰别人的机会，还是措辞严厉助人自立的机会；无论是给人以微笑的机会，还是给人以冷静思考的独处的机会。当你发现这些行为都是出于爱时，你已经有意识地走上了成长之路。

"有意识地"是指你自己决定想成为怎样的人，然后朝着目标努力，而不是在事后才意识到自己的成长。

我们所接受的，正是我们所给予的。所以，如果你想微笑，那就让别人展开笑颜；如果你想安心，那就去做让别人感到安心的事；如果你想交朋友，那就让自己变成别人的朋友；如果你想获得物质上的富足，那就尽你所能帮助别人获得物质上的富足。

正是人际关系给了我们这样的机会。或许你讨厌处理人际关系，但如果你生活在一个没有人际关系的世界里，那么你就会像一个孤独的棒球运动员在空无一人的球场上挥舞球棒一样。不论你每天挥棒多少次，动作多么干净利落，你永远也不清楚自己的真实水平。你既感受不到击球时的快乐，也感受不到被三振出局的不甘。相反，投手投出了你无法击中的快球，你感到挫败和沮丧，只有这样你才会不断提升自己的击球技能。严酷的环境能够帮助我们成长。

我们之所以能够成长，是因为他人带给我们的不仅是和善和温暖，还有严酷和冷漠。

至此，本书向你传达了如何恰当地处理人际关系，让自己不断成长的方法。希望你能多加实践。

你的过往越是卑微、渺小、不自由，当你变得成熟后，越是能发光发热，感受人生的意义和充实，赞美并享受多姿多彩的生活。

诸君加油！

古宫昇

参考文献

（1）Jersild, 1955, p. 35

（2）Jersild, 1955, pp.12–13, p. 37

（3）Jersild, 1955, p. v, p. 13

（4）Jersild, 1955, p. 159, p. 160, p.169, p. 182

（5）Jersild, 1955, p. 148

（6）Jersild, 1955 pp. 157–158

（7）Jersild, 1955, p.162

（8）Jersild, 1955, pp. 171–172

★★★　人生哲学系列　★★★

★★★　敏感系列　★★★

★ ★ ★ 自我疗愈系列 ★ ★ ★

★ ★ ★ 应对系列 ★ ★ ★